立人天地

遗迹，
文明的基因

苏欣 著

它所表达的一切，都是中华文明的自辩词！

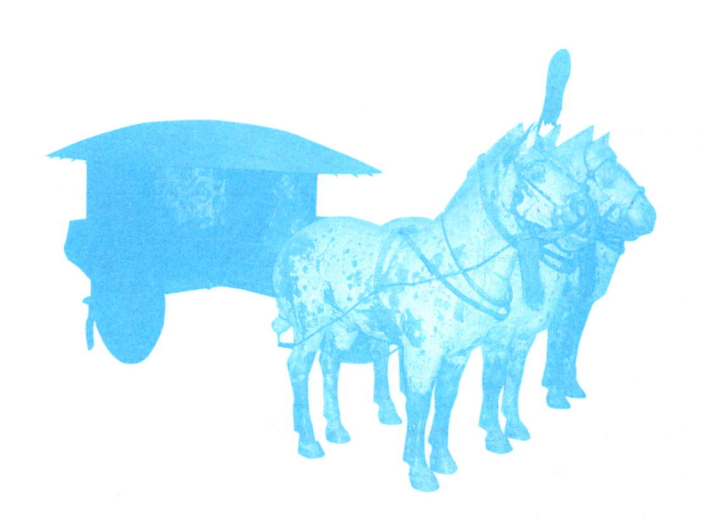

黑龙江教育出版社

图书在版编目（CIP）数据

遗迹，文明的基因 / 苏欣著 . -- 哈尔滨：黑龙江教育出版社，2014.4
ISBN 978-7-5316-7355-2

Ⅰ.①遗… Ⅱ.①苏… Ⅲ.①文化遗址—中国—青少年读物
Ⅳ.①K878-49

中国版本图书馆 CIP 数据核字（2013）第 076790 号

遗迹，文明的基因
YIJI, WENMING DE JIYIN

作　　者	苏　欣
选题策划	彭剑飞
责任编辑	宋舒白　彭剑飞
装帧设计	冯军辉
责任校对	周维继

出版发行	黑龙江教育出版社（哈尔滨市南岗区花园街 158 号）
印　　刷	北京万博诚印刷有限公司
新浪微博	http://weibo.com/longjiaoshe
公众微信	heilongjiangjiaoyu
E - mail	heilongjiangjiaoyu@126.com

开　　本	700×1000　1/16
印　　张	13.5
字　　数	160 千字
版　　次	2015年1月第1版　2020年1月第2次印刷
书　　号	ISBN 978-7-5316-7355-2
定　　价	26.00 元

前 言 | PREFACE

遗迹，是文明的基因。

如果没有遗迹，文明就会断裂，就会终止遗传。

这是夸大其词吗？或者，这是故弄玄虚？

不是。

遗迹，附着在地球的"表皮"；人类，就生存在这一层"表皮"上。这个特殊的空间，既蕴含着地球的历史，也蕴含着人类的历史。二者，互相渗透，紧密相连。

遗迹包括遗址。它可以很可爱，比如大凌河文化遗址。遗址中出土了玉猪龙，模样圆润，头很光滑，看上去像一头胖嘟嘟的小猪；而蜷缩的身体，又像一条胖胖的小虫。它既像猪，又像龙，其实就是猪最早的胚胎原型，是史前人类的图腾崇拜。

遗迹包括岩画。它可以很科学，比如沧源崖画。古人用牛血、石铁矿粉制成颜料，在崖壁上作画。当画上的颜料与日光、湿气等发生反应后，就会在清晨呈现红色，在中午又变成浅红色，在傍晚再变成深紫色。它反映了，在先秦时，一些化学反应的原理已被掌握。

遗迹包括墓葬。它可以很稀奇，比如虢国古墓。在幽深的墓中，还殉葬着狗。狗没有被宰杀的痕迹，它们都是在被活埋之后窒息而死的。它们不是普通的家犬，而是军犬！它们对研究西周的军事有着重要的意义。

遗迹包括道路。它可以很神秘，比如秦汉栈道。这些窄仄的栈道，曲折地悬挂在悬崖峭壁上，俨然一首时断时续的长歌，委婉地表达着沧桑的历史。

遗迹包括山河。它可以很庄严，比如泰山。从远古到宋朝，泰山封禅一直是古代帝王乐此不疲的事儿。泰山被政治化、崇高化、符号化，彰显着统治阶层隐秘的思想。

遗迹还包括灰坑，包括窖藏，包括宫殿废墟，包括村址、矿址、作坊址、寺庙址，甚至包括水井，包括栅栏，包括壕沟。

总之，一切经过人类有意识加工的，都是遗迹。

它作为文明的基因，储存着当时人类的活动，储存着奇异的社会风俗，储存着惊人的时代信息。

它是复原古社会的一个分子。

生命是一次性的，遗迹也是一次性的，只有科学地保护，科学地探索，才能进入历史的弄堂，进入那里的清晨与夜晚、辉煌与苍凉。

值此《遗迹，文明的基因》出版之际，真诚地感谢黑龙江教育出版社的彭剑飞老师。他对本书的撰写提出了大量指导性意见，且再三审校，特此致谢。

苏欣

目 录 | CONTENTS

第一章——璀璨的远古遗迹
- 50万年前的家 /002
- 玉猪龙：是猪，还是龙 /006
- 人类史上最古老的星图 /009
- 罗布泊的女权世界 /015

第二章——夏商周的文明之痕
- 埋葬着一堆"眼睛" /022
- 0.02厘米厚的金箔复活历史 /026
- 殷墟：新史学的开端 /028
- 如何躲避鬼 /031
- 古墓里惊现矿泉水瓶 /034
- 墓中惊现最早的军犬 /039
- 船棺里的战国史 /044
- 反盗墓的技术 /046
- 在哪里与孔子相遇 /051
- 一个险些从历史中走失的小国 /055

第三章——雄浑的秦汉遗迹
- 让人热泪盈眶的奇迹 /062
- 一座被政治化的山 /066
- 悬挂在峭壁上的道路 /072

- 古时候的树叶 /077
- 奇怪的裸体俑 /082
- 洞墓里的地宫 /087
- 中国最著名的一条路 /094
- 一人、一马、一段匈奴史 /098
- 一个传说，一片遗迹 /101
- 戈壁滩上的故城 /105
- 马背上的佛教 /110
- 石壁上的"市井" /113

第四章——魏晋南北朝的独特遗迹

- 出镜率高的白帝城 /118
- 一座寂静的壁画墓 /122
- 盐湖：带咸味的文明 /127
- 韩国腹地的中国式古墓 /131

第五章——隋唐五代，遗迹纷繁

- 大运河：流动的遗迹 /136
- 经过多次地震考验的桥 /139
- "东方金字塔" /142
- 寻找"天地之中" /146
- 法门寺舍利之谜 /150
- 长安一夜，千年一页 /156
- 道教的栖息地 /159

第六章——宋元明清的人文遗迹

- 大漠中，辉煌的废墟 /164
- 元大都的"地摊" /169
- 明朝的报时中心 /174
- 高海拔上的被弃古城 /179
- 从海水中长出来的山 /183
- 丹霞地貌：最鲜艳的土地 /186
- 活着的风水 /191
- 世界上最高的古道 /198
- 世界上最早的国家天文台 /201
- 平行的河 /204

第一章
璀璨的远古遗迹

远古时代，人类在行走、觅食、对抗野兽、争斗、改进生活等活动中，留下了种种遗迹。它包括：遗址、墓葬、岩画等。遗址又包括：建筑废墟、水井、栅栏等。由于遗迹经过了人类有意识的加工，因此，它能够反映当时的社会面貌、意识形态，对了解生命发展有重要作用。

遗迹，文明的基因

◎ 50万年前的家

时光倒流50万年，在北京的一个大山里，生活着一群原始人。这个族群里，有40多个成员，有男有女，有老有少，他们活动在茂密的森林里，栖息在幽深的山洞里。

白天，他们成群结队地走出去，追捕野兽；晚上，他们围在一起叽里哇啦地喊叫跳舞。

这里景致很好，山水纯净，出产很多植物、动物，让他们有了食物。他们可以采摘野果、嫩叶，挖掘块根，来填饱肚子；还可以捕捉昆虫、鸟、蛙、蛇等，来改善伙食。

起初，这一带，气候温暖湿润。不久，随着地球地壳运动、变迁，气候出现了波动。冷暖气候、干湿气候变化无常，最终出现了冰期。可是，即便如此，动物并未灭绝，有一些喜冷的动物繁衍很快，如狼獾、洞熊、扁角大角鹿、披毛犀等。它们为这40多个原始人带来了希望，让他们不至于饿肚子。

当气温有所好转后，喜爱温暖气候的动物又大量出现了，如竹鼠、硕猕猴、德氏水牛、无颈鬃豪猪等。原始人又开始把它们列入食谱。

到了气候干旱的时候，又从沙漠和草原上迁徙来另一

▶沧桑的周口店一角

第一章 璀璨的远古遗迹

批"新居民",如安氏鸵鸟和巨副驼等。

在附近的河流里,还出没着水獭、居氏巨河狸、河狸等水栖动物。哺乳动物和百多种飞禽,也在哗哗弄响,搅动了原始人的胃。

他们与它们毗邻而居,因此,他们把它们当成猎捕对象,以便获得营养。

他们从河滩上、山坡上找来一些石块,认真打磨,仔细捶击,制作出了石锤和石砧。他们又挥舞着这两种器具,制造出了更多的石头工具,有刮削器,有钻具,有尖状器,也有砍斫器等。

之后,他们就拿着工具,一窝蜂地去打猎了。

猎归后,他们又利用工具分解动物尸体,把肉一块块割下来;还剥下动物的毛皮,草草地围在身上,抵挡严寒、避免荆棘剌伤。

他们又利用工具砍伐树木,制作出木枪、木矛、骨刀、骨枪等。慢慢地,他们又学会了用动物骨头制造骨角器。

附近的动物变少后,他们再打猎时,就要走出很远。有一次,他们踢踢踏踏地竟然走了两公里的路。他们来到一处花岗岩山上,略有些茫然地站在山坡上。

就在他们下意识地观察地形时,一个人突然看见在不远处,有些闪闪发光的东西。此人兴奋地叫起来。于是,一大帮人带着神秘感和敬畏感,向着发光的地方走去。

在那里,他们发现了一块块亮晶晶的石头,在阳光下璀璨透明。

他们不知道,这就是水晶,只是被深深地吸引住了。

他们把水晶带回了部落,没完没了地看。他们不知道怎么用水晶,最后,他们便用这种珍贵的矿石去打制石器了。

这为旧石器时代的到来,揭开了序幕。

他们逐渐地学会了使用火。他们很聪明,为了保证火种不熄灭,他们在洞里留下一堆堆未燃尽的灰烬,然后,

▲管状的玉琮

▶新石器时代玉冠形器

▶新石器时代的兽面纹镯式玉琮

▶管状的玉琮

等到打猎归来后,再重新燃起熊熊大火,把打碎的骨头、割下的肉,放进火里烧熟。

他们把使用火的历史提前了几十万年。

可怜的是,他们并没有因为温饱而得到长寿。自然环境的变化给他们带来了很大的困扰,他们要抵抗自然灾害的袭击,要抵抗飞禽猛兽的入侵,要抵抗疾病的席卷。虽然他们团结一致、相亲相爱、同甘共苦,可是,他们力量薄弱,所识有限,解除不了外来因素的威胁。

他们就这样早早地死去了,绝大多数猿人在只有14岁时就死了。

也就是说,他们大都在少男少女的时候,就告别了人世。

他们中的成员越来越少,他们的族群越来越小,最后,只剩下了寥寥几个人。

当他们还没有为自己所生存的地方起个名字时,便永远地、彻底地消失了,只留下静静的山谷在岁月中慢慢地成长。

漫长的时光,冉冉消逝。

到了元朝的时候,有一些元朝人陆陆续续地迁往这里。

随着人越来越多，他们为此地命了名——周口店。

元朝人宁静地生活在周口店，压根儿不知道，在几十万年前，已经有人在此居住。

1 000年之后，那40多个原始人的遗骸，被偶然地发现了。

这一发现，震惊了世界。

这些逝去者，为人类学研究提供了大量的宝贵资料。他们证明，早在50多万年前，世界上就有了直立人。他们还强有力地证明了"从猿到人"的这一学说。

他们被取名为"北京猿人"及"北京直立人"，简称"北京人"。

其实，北京猿人在大约60万年前，就已来到了周口店。他们在生活了大概40万年后，在20万年前，离开了此地，迁居别处。

他们长得有点儿像"猿"，颧骨很高，支棱向前；鼻子又大又宽，使面孔凹进去，显得很扁；他们的脑容量很小，只有1 075毫升，与现代人1 400毫升相比，差了300多毫升；他们的身材十分矮小，男子最高才长到156厘米，女子则长到144厘米；他们的腿很短，手臂很长，头向前倾，看上去像站不稳似的。

事实上，他们四肢发达，骨骼健全，与现代人的身体很相像。他们能够快速而稳健地行走。当他们飞奔在原始丛林中追逐野兽时，身影掠过重重树影，野性而美丽。

扩展阅读

河北磁山遗址出土了7 000多年前的动物骨骼，有犬、鸡；遗址内，还有烧土块，上面沾着清晰的席纹，说明原始人已经会编制苇席了。考古学家称此为中国之最。

◎玉猪龙：是猪，还是龙

这是一场隆重的葬礼。

死去的人，安静地躺着，周围站着许多人。

他，一个部落的酋长，一个被认为能通天地、能呼风唤雨的巫师，在病逝之后，被部落成员尊崇地礼拜。之后，他被人抬着，走向墓地。

下葬前，他的族人在他的胸前佩戴上了一件玉器，作为他的陪葬品。这件玉器，有点儿像猪，又有点儿像龙，小巧可爱，精致光滑。

它就是震惊中外的"玉猪龙"。

玉猪龙，在远古时代，代表着双重意义：它既是巫师与神灵沟通的桥梁，又是部落的图腾。因此，当酋长离世时，玉猪龙就要陪着他一起入土，进入地下的世界。

那么，这件神秘的玉猪龙，到底是猪还是龙呢？

这要从大凌河说起。

远古时代，一些部落生活在内蒙古赤峰的西拉木伦河岸，相隔不远，就是大凌河。大凌河上游，还有个支流——牛牤河。牛牤河北岸，也有一个部落，这个部落为了划清地界，特意挖了一个大壕沟，作为分界线，与其他部落隔开。

这个壕沟，代表着文明之光的闪现。

它略微曲折，是个长方形，有600米左右，还有出入口。进去后，会发现，这是一个非常有趣又可爱的原始城镇。

壕沟里的人，勤劳朴实。他们的穿戴还很褴褛，还不懂得什么是审美，可是，在他们中间，竟然有了职业制陶者，制陶业十分火爆。

这些摆弄着陶器的远古工作人员，手工雕刻很了得。

▲神秘的玉猪龙

▲新石器时代的玉勾云形佩

第一章 璀璨的远古遗迹

他们最喜欢有关龙的内容。他们热爱龙，在"族徽"上刻着龙的花纹，象征吉祥。他们也喜欢"之"字形纹、直线纹，有简洁之美，利落之美。

他们不仅热爱制陶业，也热爱畜牧业、渔业，还热爱农业。他们研究出了各种耕种器具，有石耜，模样很像烟叶，也很像草履；有石刀，模样很像桂叶，双孔。他们还发明了精致小巧的细石器，如石刃、石镞等。

他们还迷恋手工业。他们向往玉，沉迷于玉。玉之所以让他们重视，是因为玉常常用于祭祀场所，沉淀着深厚的文化底蕴。玉是礼器，也是神器。他们怀着敬畏之心，制出了玉手镯、玉蚕。有一个人，还别出心裁，制出了一对奇特的蛇头形的耳坠子。

这个耳坠子，是为一个部落女子打造的。她很喜欢，一直戴着。直到她离开人世，也没摘下它，而是把它带入了泥土。

这个蛇头形耳坠，形状奇怪、新颖，让人一见便留恋不已。《山海经》里所记载的"耳双蛇"，说的大概就是这种吧。

不过，无论是玉蚕，还是蛇头耳坠，它们都不如玉猪龙贵重。玉猪龙是部落的徽章，被奉为神圣之物。

它的模样，很典雅，外表圆润，晶莹剔透。头很光滑，看上去像一头胖嘟嘟的小猪；而蜷缩的身体，又像一条胖胖的小虫。也就是说，它又像猪，又像龙。其实呢，它就是猪最早的胚胎原型。

大凌河的古人，受到猪胚胎的启发，将猪和蛇的形象融在一起，创造出了猪首蛇身的龙。这条蜷体的龙，被视为"中华第一龙"。

那么，古人为什么要崇拜猪呢？

原来，人类最初狩猎时，总是与野猪对阵。他们看到野猪长着长长的獠牙，壮实的体魄，样子凶猛，不禁升起

▲新石器时代的玉璧

了崇敬之心；尤其当他们与野猪搏斗时，野猪往往会战胜他们，这让他们深信野猪是勇猛无敌的。因此，一些部落就把野猪的形象作为图腾。

随着人类征服自然的能力增强，人逐渐掌握了野猪的习性，有了驾驭、控制野猪的手段。一些人便大着胆子把野猪驯养起来。久而久之，野猪的生猛渐渐退化，成了家畜。猪丧失了野性，使古人心底的图腾崇拜无处附着，于是，便将猪推崇为龙。《左传·昭公二十九年》中记载的豢龙氏，也许就是豢养猪的能人，也就是职业养猪能手。

关于人类和猪的深厚渊源，在古代文字中，也有体现。人类驯养猪，给猪安了"家"，拆开这个"家"字，就是——"屋宇"下有个"豕"。

拆开一个字，就拆开了一段历史。既深远，又亲切。

扩展阅读

江苏吴江龙南村有座新石器时代遗址，有6个很小的坑，一个坑埋一头猪，别无他物。猪繁殖率高，多产，原始人把它视为吉祥的象征。猪葬，寓意对猪的至高尊崇。

第一章　璀璨的远古遗迹

◎人类史上最古老的星图

一个惊人的景象，出现在阴暗的土层上……

这是4个遗迹，每个遗迹之间，一分不差地相距20米，像一串珠子。

令人讶异的是，它们自北向南排列，不仅等间距，而且，都排列在一条子午线上，尺度异常精准。

要知道，这是仰韶文化的古墓遗址，距今6 500年，那个时候，处于森林中的古人，压根儿不知道什么是子午线！

更令人讶异的是，在4个遗迹中，有着奇怪的景象。

在第一个遗迹中，有一个老人的骨架，仰卧着。骨架

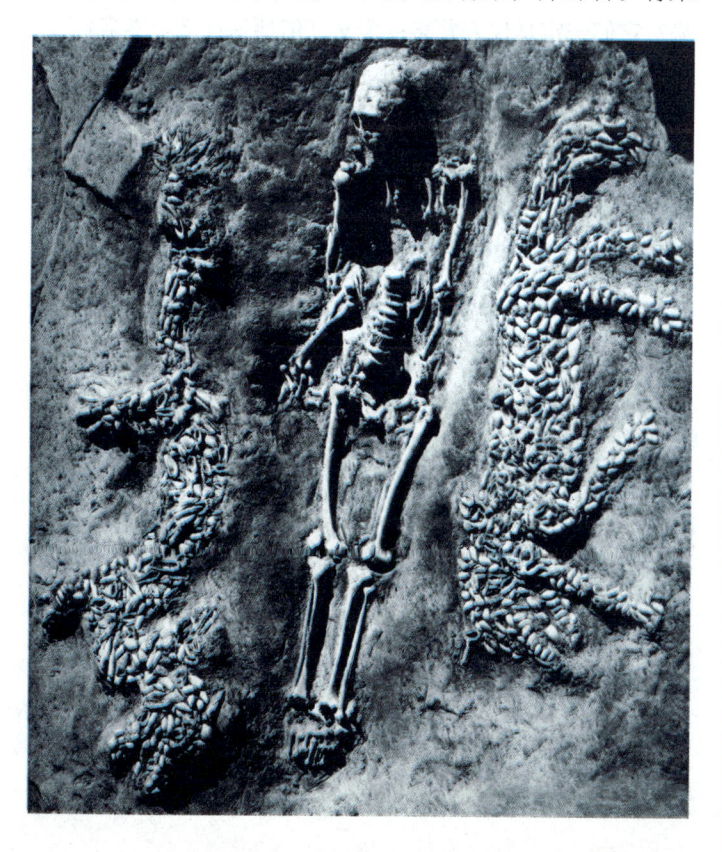

◀蚌人、蚌龙、蚌虎

的右边,是一条由蚌壳摆出的龙;左边,是一只由蚌壳摆出的虎。在虎的旁边,还有一个三角形,也是蚌壳摆出的。在三角形的东边,伶仃地放着两根人的腿骨。

在第二个遗迹中,有龙、虎、鹿、鸟、蜘蛛,都是蚌壳摆成的。

在第三个遗迹中,有蚌壳摆出的龙、虎、人,人骑着龙,好像在奔走。

在第四个遗迹中,有一个少年的骨架,头朝南,两腿的腿骨被截去……

显然,在老人骨架旁边摆着的腿骨,就是这个少年的腿骨!

这是为什么?

另外,古墓中,为什么要用蚌壳刻意地摆出各种姿势?它们一定是代表着某种含义。但那是什么含义呢?

1987年,这4个位于河南西水坡的遗迹,一被发现,就引起了考古界的震动。

考古人员投入对遗迹的研讨。

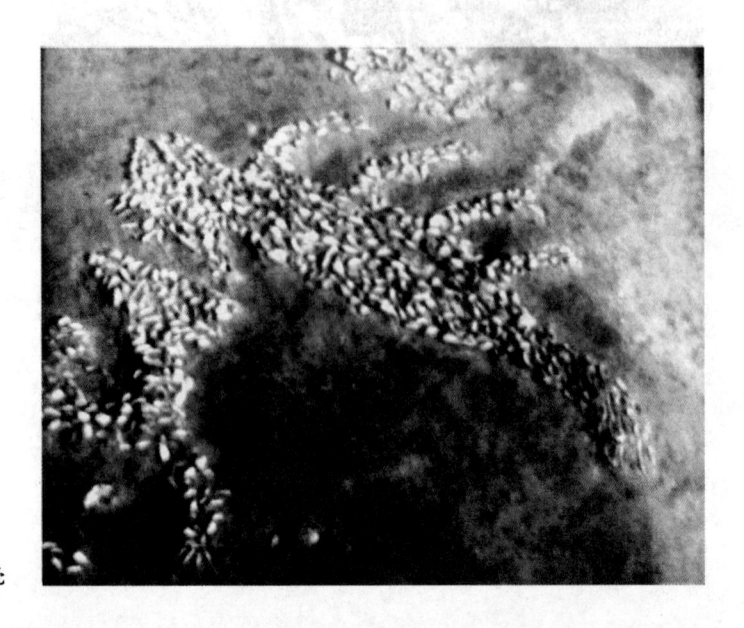

▶散落在遗址里的蚌壳

第一章　璀璨的远古遗迹

他们反复考察遗迹中的图像，猛地注意到，在众多图像中，有一个图像非常紧凑、完整，那就是——老人的骨架、骨架下方的三角形、两根人的腿骨，它们组成了一个北斗星的形状！

如果三角形代表斗魁（北斗星的第一到第四星），人的腿骨代表斗杓（北斗星的第五到第七星），那么，斗魁恰好指向龙、斗杓恰好指向虎，这种方位，与天空中的真实星象完全吻合。

考古人员异常激动，又经过了仔细分析，他们确信，这的确是一个北斗图像！

根据这一点，他们又推测，蚌龙、蚌虎也必然具有星象的意义。

在中国天文学中，传统星象体系分为四象、二十八宿，二十八宿是28个星座。而蚌龙、蚌虎所摆的方位，与这种体系完全一致。

自此，考古人员认定，玄秘遗迹所呈现的内容，是远古时代的星象作品。

◀出土的漆箱上，绘有二十八宿星图

遗迹，文明的基因

▶星辰自古就受到关注，图为敦煌壁画上的水星（辰星）

▶此随葬物的右下角为古人设计的升天通道

它是中国最早的星象图，也是整个人类历史上最古老的天文星图！它将中国天文学发展史上最早的物证提前了近3 000年。

这是非常重要的，因为原始人的天文活动，能够反映古代文明的痕迹。而一旦掌握了古人的宇宙观，就容易掌握文明诞生和发展的脉络。

不过，遗迹中还有一个让人不能释怀的问题。那就是，北斗的斗杓不用蚌壳摆出，却特意用少年的腿骨摆出，不知是什么意思。

为什么非要用少年的腿骨代表斗杓呢？

原来，这是在表现一种时间的测量。

原始人没有计时的东西，但他们很聪明，发现北斗星的运动很有规律，便据此来计时。问题是，北斗星只有在夜里才能看到，要想了解白天的时间、时令的变化，仅仅依靠北斗星是不行的。于是，他们开始观察太阳，发现日影的变化也有规律，他们又据此创制出一个新的计时方法——立表测影。

古代的"表"，叫"髀"，是指一根立在地上的杆子，杆子的投影随着一天中时间的变化而变化。另外，"髀"也含有人的腿骨的意思。

原始人把"髀"的高度，确定为8尺。这是一个奇妙的数字，按照古代的1尺约为现在的17～23厘米计算，它正好等于一个人的身长。

由于4处遗迹无误地排列在一条南北子午线上，说明，原始人的时间系统已经很先进了。

除此之外，遗迹中还另有玄机。

4个遗迹，构成了一幅完整壮丽的灵魂升天图。

老人头朝南，把向南的方向作为升天的通道；灵魂由此升腾后，经过第二组遗迹，升入第三组遗迹。

第一个遗迹，表现的是生前的现实世界；第二个遗迹表现的是升天的过程；第三个遗迹表现的是已升入天国的场景。

至于第四个遗迹中的少年，则象征老人的辅佐之臣，护送并接纳升入天界的灵魂。

为了区别人间与天国的不同，在第一个遗迹中，在蚌壳的图像下面，铺了一层黄土，象征人间；在第二个和第三个遗迹中，在蚌壳的图像下面，则特意铺了一层灰土，象征玄天。

不仅如此，在第三个遗迹中，在人骑着龙的蚌壳周围，还点缀了无数的蚌壳，非常有规律，象征漫天的星星。人骑着龙的图像，则象征着老人遨游在璀璨的天界。

按照古人的葬俗，人死后，要有随葬品。但老人的墓中，除了一幅展现宇宙模式的星象图，空无一物。

其实，他并非没有随葬品，而是以星宿随葬，这种特别的安排是古人权力的体现，非常尊贵。因此，根据这一点推测，这个看起来寒酸的老人，应该是一位司掌天文的部落首领。

> **扩展阅读**
>
> "羌笛何须怨杨柳，春风不度玉门关。"玉门关在汉朝时，为繁荣关塞，人喊马嘶，商队络绎。登关远眺，长城蜿蜒，烽燧兀立，柳绿花红，芦苇摇曳。现为荒凉废墟。

第一章　璀璨的远古遗迹

◎罗布泊的女权世界

一日，几位考古学家来到了罗布泊。他们惊讶而恐怖地发现，小河一带，有一片庞大的墓葬群，面积达2 500平方米。

在墓葬群中，有一座特殊的墓葬——一座被封死的房屋，屋前土堆上摆放着7层红色牛头。

在墓地旁边，竖立着140根象征男性生殖器和女性生殖器的立木。

在男性棺木前，立的是桨状木头，象征着女性生殖器；桨柄涂红，桨面涂黑，柄端刻着7道旋纹。在立木下两侧，还放有冥弓、木箭。

在女性棺木旁，立的是卵圆形木头，象征着男性生殖器。有的立木，上下一样粗细，多棱形；有的立木则不同，上部很粗，多棱形，下部很细，圆柱形；立木的端头，均涂成了红色，上缠一段毛绳，绳下用草绳固定。

整个庞大的墓葬群，充满了静穆和阴森的气息，充满了原始宗教的神秘气氛。

这是哪些人的墓呢？

奇怪的是，在墓地周围5平方公里内，竟然没有任何人类曾经在此生活的痕迹。

考古人员不甘心，他们顺着孔雀河寻找。在孔雀河下游，他们发现一条向南岔出的支流——那是一条早就干涸的小河。他们顺着支流找寻。几经辛苦和波折后，终于找到了答案，找到一个古老而独特的文明。

那是在大约3 800年前，有一个下午，在今天的新疆罗布泊，突然出现了一小片人影。

他们是从遥远的西方迁来的，非常陌生。每个人都身材高大，皮肤雪白，高鼻梁，蓝眼睛。他们头上戴着厚厚

▲墓中出土的船形棺

的圆毡帽，身上披着斗篷，走得满面风尘，一身是沙。

当他们来到孔雀河边的时候，他们看到了一条小小的河流。

他们个个都能驾舟行船，于是，他们乘着船，穿过了茂密的芦苇丛，最终选择一个地方定居了下来，结束了漫长的迁徙旅程。这个地方，被称为"小河"。

小河一带，当时还不都是连绵的沙丘，而是水草丰美之地，也有金色的胡杨林，较为适合居住。

这个陌生部落的首领，是一个女子。她率领这群人不断地向东迁到小河后，先当上了祭司，又当上了酋长。她的手中，握着一根象征至高无上权力的圆形石权杖。

她在选择了定居地后，又指挥大家去辛勤劳动，建设新家园。每天，男人们伐木为舟，外出捕鱼打猎，放牧成群的牛羊、骆驼，吃它们的肉，喝它们的奶，取用着它们的皮毛。女人们则开垦荒地，种上各种作物，又用草编织日常用的小篓。

就这样，这些从遥远西方迁来的人，在陌生的土地上过上了好日子。

▼木屋前堆放的牛头

但是，率领他们完成这一伟大事业的人，他们的带头人，却走到了生命的尽头。她住在一座小木屋中，处在弥留状态。病痛无时无刻不在折磨着她，可她的脸上还是浮现着笑容，看着她的臣民们。

在一个倏然的瞬间，她安静地去世了。

整个部落陷入了悲痛的泥沼，不能自拔，伤痛的泪水簌簌滚落。部落成员决定，封存小木屋，让它成为她在地下永远的家。

部落的女人们含着热泪，给她的遗体涂上乳白色的浆状神水，想要为她洗掉今世的尘埃；又给她戴上白色的羊毛帽子，帽子上缀着温暖的红色线绳；还在她的腹部撒上麦子、黄麻枝，祈求她在天国也能保佑部落五谷丰登、人丁兴旺。

部落的男人们神情严肃，为她制作了船形的棺材，将遗体放进棺材；又集合部落中的男女老少，进行了庄严的送别、祈祷仪式；还宰杀了几十头公牛，把公牛的皮整块剥下来，严严实实地盖在棺材上。

之后，所有的人，都退出了小木屋。他们搬来木板，七手八脚地将门窗全都封死；又去河里挖来一大堆泥土，堆塞在木屋周围；砍下的牛头，用颜料染成了红色，整齐地码在土堆上，一共虔诚地码了7层。

他们又在木屋墓前，立上了代表男性生殖器的立木。

这是生殖崇拜的象征，代表了部落希望通过阴阳交合，而添丁进口、繁衍富足的愿望。

再之后，便是亘古的长眠了。

在此后的几十年间，这个部落的统治权仍为女性所把持。

但在劳动中，男人们渐渐意识到了这一点儿，他们多少有些不服气了，甚至不乐意了。他们的势力开始猛烈地崛起。最终，女子政权被颠覆了，男人成为了整个部落的主宰。

▶墓葬旁的立木

▶沙漠里的小河墓地

悲伤的是，就在男人们掌权后不久，一个神秘的现象出现了——小河一夜间空荡荡了，一个人影都不见了。干干净净，只有无尽的黄沙。

他们遭遇了什么？他们去了哪里？

这个谜，埋葬了几千年。

直到几位考古学家踏上了罗布泊的土地，才破解了这个秘密。

原来，小河的气候环境发生了变化，沙漠迅速席卷、蔓延，河水干涸，耕地荒芜。既不能捕猎，也不能种植，部落里的人已经无法生存了。

于是，部落又一次踏上了迁徙的征程。

他们去了哪里？无人能够准确地推测出来，大多认为，他们向东跨越了茫茫戈壁，到了甘肃。

不管怎样，小河世界的这个女权社会就此消失不见了。

扩展阅读

大地湾遗址距今4 900~8 120年，是史前建筑的活化石。遗址的地面上，铺了类似于现代水泥的土，相当于现在的100号水泥砂浆地面的强度。这是世界上最古老的混凝土。

第二章
夏商周的文明之痕

　　三星堆里埋葬的"眼睛",金沙遗址的太阳神鸟环,什邡的大型船棺葬等,无一不体现着古蜀地的文明与辉煌。它们与其他数量众多的遗迹一起,构成了夏商周时期的文化历史。然而,疯狂的盗墓贼猖狂行窃,不但盗走了一件件文物,也毁了一段段珍贵的历史。

◎埋葬着一堆"眼睛"

在四川广汉的西北,有一条鸭子河。在鸭子河南岸,有一处古人类文化遗址,面积庞大,有12平方公里。

它就是闻名天下的三星堆遗址。

三星堆的发掘,被誉为20世纪人类最伟大的考古发现之一。

就在发掘时,考古人员震惊地发现,地下竟然埋藏着数量众多的、诡异的"眼睛"。

这不是肉体上的眼睛,而是雕刻在青铜面具上的眼睛。眼睛非常之多,造型非常之夸张、怪异。其中,有一个面具上,眼球的部分极度变形,瞳孔都变了——不是普通的圆球状,而是一个圆柱体,凸出眼眶长达16.5厘米。让人惊心不已。

其他的构件中,也有几十对眼睛,有10多种造型。有的眼睛是勾云形,有的眼睛是菱形,有的眼睛是圆泡形,各种造型不一而足。

这些眼睛出现在铜饰上,铜饰上有便于组装的榫孔,可以悬挂或者供奉。

想象一下,将这样怪异的大眼,高高挂起来,该是多么的不可想象。然而,这就是古代蜀人的图腾崇拜。

古蜀人将铜面具的瞳孔做成圆柱状,这是有深刻的原因的。这要追溯到古蜀王蚕丛那里。

在历史上,有一个民族,叫氐族,主要分布在今天的甘肃、陕西和四川交界处。蚕丛氏部落,就是氐族的一支。

蚕丛居住在崇山峻岭的岷山一带,地形崎岖、陡峭,无法建造土墙,也不能建造木质房屋。蚕丛无法,苦恼至极,最后,在山壁上开凿了石洞,在里面吃饭睡觉。

有一天,蚕丛无意间发现,山野里长了一种桑树,可

▲三星堆金面具上的眼睛出奇的大

▲怪异的青铜人

以纺织。他高兴极了，连忙带领部落成员学习养蚕技术。蚕业就此得到了发展，部落摆脱了贫婆和艰难。

问题是，岷山一带，土地中卤的含量很高，不适合种植粮食。蜀人吃的食盐，也是用当地特有的碱石煎熬出来的。由此一来，他们长年缺碘，导致了甲亢病的流行。而眼睛凸出，便是甲亢病患者的一个重要特征。蚕丛也不例外，他得了严重的甲亢病，眼睛特别凸出。

蚕丛想，此处终归太过荒芜，不如另寻地方落脚。

他梦想着，能找到一处让部落更好地繁衍生息的天堂。

经过精心准备，蚕丛带领部族出发了。他们风雨兼程，不畏艰险和辛苦，最终，他们找到了这个天堂，那就是成都平原的腹心处——三星堆。

三星堆已经有一个部落在那里生存，蚕丛带领成员疯狂地搏斗，把这个部落征服了，纳入自己的部落中。

蚕丛观察土地，看到岷江中游和若水流域很不错，土肥水足，是种植桑树的好地方。他便穿着青衣四处巡视，鼓励大家栽桑养蚕。

在他的努力下，连羌人都改变了生活方式。羌人的图腾是羊，所以，羌人又叫羊人。他们受到蚕丛的影响，大多结束了游牧生活，进入了稳定的农桑时代。

蜀人为纪念蚕丛的功绩，把他尊为青衣神。

蚕丛是古代蜀国的第一个王，有了他，才有了家蚕饲养这一行业。他的无穷智慧和超群的胆识，给古蜀国辉煌的历史添上了浓墨重彩的一笔。

蚕丛死后，蜀人追悼他，供奉他，给他塑了神像。青铜匠人根据他的眼睛凸出的特征，又进行了艺术加工，于是，便有了神化的瞳孔。

在三星堆遗址中，那些造型夸张的突目铜面具，就是蚕丛的神像。鼓凸出的眼睛，称为"纵目"。蚕丛的墓葬称之为"纵目人冢"。

▲三星堆出土的玉斧

▲三星堆出土的玉矛

▲眼睛奇异地凸出的青铜面具

由于蚕丛对文明的推进,作出了重大贡献,蜀人为他陪葬了许多稀世珍品。有许多东西,都是世界之最。

其中,有世界上最大的青铜人像。"他"的身高,有262厘米,重达180公斤。"他"长着一张兽面,却头戴高高的帽子,穿着3层衣服,外套酷似燕尾服,非常时尚。

还有世界上最大的青铜纵目人像。"他"身高64.5厘米,两耳间的距离,就有138.5厘米。

还有世界上最高的青铜神树,也是最早的神树。它是传说中的扶桑树,高384厘米,有9根树枝,分成3簇,每簇共3枝,树上停留着27只小鸟,树旁还活灵活现地盘旋着一条龙。

还有世界上最早的金杖。它长142厘米,重700多克,上面刻着鱼鸟纹、人头纹,精美极了。

三星堆的发现,意义重大。

在它之前,史学界认为,古代巴蜀是一个落后、封闭的地区,几乎没有受到中原文明的影响,与中原极少有贸易往来、文化交流。

▶中原制造的人面纹铜方鼎

在它之后，史学界不得不否认了这个观点，承认古巴蜀早在夏商时期，甚至更早一些的时候，就已经是重要的文化中心了。

三星堆还出土了60多根象牙、5 000多枚海贝，而古蜀地并不出产大象，更没有大海。海贝是来自印度洋的，外国人用它们来跟古蜀人交换商品。可见，史学界所谓的蜀人"不与秦塞通人烟"的观点，也是站不住脚的。

三星堆遗址的大量青铜祭祀品表明，在古蜀国，原始宗教已经形成，且较为完整。其中的青铜雕像、金杖等，极为接近神秘的玛雅文化、古埃及文化。

这个埋葬着一堆"眼睛"的遗址，使古蜀国的文明史前推了5 000年之久。它向世界证明，中国的古文明不只存在于黄河流域，还有长江流域。

扩展阅读

宝墩文化是古蜀国发展的最早阶段，早于三星堆文明。它的遗址，也位于成都平原，是一处史前遗迹，有6座古城，展现了远古社会结构和宗教信仰，有重大价值。

◎ 0.02 厘米厚的金箔复活历史

这是一个神秘的神鸟环。

它是金箔制成的，金箔的厚度，只有区区的0.02厘米！上面竟然还有图案！竟然还是镂空的！乍一看，像是一幅剪纸。

它的中间，是一个圆圈；圆圈的周围，是12条齿状光芒。光芒沿着顺时针方向旋转，恰似发射光波的太阳。

它的外缘，有4只飞鸟，是抽象派——4只鸟的头和爪相接，沿着逆时针方向飞行。

这就是太阳神鸟环，一个惊世之作，来自于3 000多年前。

它既体现了古人精湛的技艺，也体现了古人对太阳和鸟的膜拜。

它又叫"四鸟绕日"，蕴含着深厚的文化底蕴。

首先，4只神鸟，形成一个圆圈，环绕太阳飞翔，体现的是：古人向往自由和美好生活；4只鸟只有团结一致，才能保护太阳。

其次，4只鸟与4个季节，与东南西北4个方向对应；12道光芒，与一年中的12个月和12生肖相符。

可见，古人对大自然、对历法，已有较为深刻的认识。

太阳神鸟环是在金沙遗址发现的。

金沙遗址位于成都，距离三星堆遗址有50公里左右。它也是21世纪的重大考古发现，除了太阳神鸟环，还发掘出了其他珍贵文物。

金沙遗址复活了3 000多年前的历史，展示了先秦时期古蜀文化。

当时，属于颛顼集团的中原人，在势力不断增强后，踏入了巴蜀土地。蜀人坚决抗争，爆发了一场保卫战。

▲史前人类也崇拜太阳，图为史前人雕刻的太阳神纹

第二章 夏商周的文明之痕

巴蜀的土著，熟悉环境，对颛顼集团的抗击十分激烈。冲突达到极致时，双方在大雨瓢泼、洪水暴发的时候，还在你来我往地战斗。

然而，颛顼集团势力庞大，在经过一连串的吞并与反吞并后，颛顼最终取得了胜利。

蜀人失败了，他们的图腾——蚕、巴等，也被颛顼集团的鱼图腾取代了。

颛顼死后，进入了鲧的时代。鲧，是颛顼的儿子，又叫鱼妇，史书上称之为鱼凫。鱼凫统治巴蜀之后，中原文化开始不断地渗透进巴蜀，而巴蜀文化又不断地影响中原。

最终，巴蜀成为当时政治、经济和文化的中心之一。

成都平原属于亚热带地区，四季温差不大，土肥，河多，四面八方的人蜂拥而来。一下子，巴蜀便汇集了不同的语言，不同的习俗，不同的文化。

从金沙遗址出土的太阳神鸟环，就能看到显著的中原文化特征。它证明了，古蜀地的对外贸易是繁荣的，文化交流也是极为频繁的；它驳斥了蜀地"不晓文字，不知礼乐"的观点。

▲太阳神鸟环

扩展阅读

1999年，漳州一渔民发现海湾冒出黑褐色物，像木炭。经检验，为古树桩；此处在4.3万年前是森林，后海平面上升，森林沉入海底。它是世界上最古老的海底古森林。

◎殷墟：新史学的开端

在历史上，有一个都城，是第一个被考古和甲骨文证实的都城。

它就是殷墟。

殷墟，位于河南安阳的殷都，是商朝后期的都城遗址。

在发掘时，殷墟的宫殿区，出土了大量青铜器、玉器和宝石；还出土了大约1.5万片甲骨。这些青铜器和甲骨文的横空出世，为新史学翻开了第一页。

那么，它为什么叫殷墟呢？

这要从商朝的第23位君主武丁说起。

武丁在少年时，就被父亲严格训导。他被送出王官，与平民一起生活，以便体察民情、锻炼意志。

武丁出了王官后，来到了黄河一带。在这里，他和百姓一同劳作，和奴隶一同聊天儿。他不再像个王子，彻底融入了底层生活。这让他深切地感受到了劳动人民的艰苦和辛酸。

后来，武丁继承了王位，回宫当上了商王。他不忘前事，励精图治，广纳贤才。一日，一个掌管工程的百工告诉他，有一个叫傅说的奴隶，心思缜密，才华出众。武丁听了，很感兴趣，亲自去看傅说。

经过一番交谈，武丁发现，傅说的确是一个旷世奇才，便想启用他为宰相。

但是，在等级森严的制度下，启用一个奴隶是很难服众的。武丁左思右想，想到了一个办法。

他对百官说："我昨晚梦见一个圣人，是治理国家的奇才，我想找到他，让他来辅佐我，有了他，国家一定会兴旺发达。"

武丁说完，拿出事先画好的画像给大家看，并让大家

▲ 刻有文字的甲骨

第二章 夏商周的文明之痕

去寻找这个梦中的圣人。

傅说自然就被找到了。这样一来，众人就不反对了，因为他们都相信，这是上天的意思，不能违背。

武丁任用傅说为相后，傅说果然不负重托，将国家治理得井井有条，商朝渐渐强大起来了。

在武丁的苦心经营下，商朝人才汇集，除了傅说，还有祖己、甘盘等贤臣。

祖己很有谋略，他看到武丁在太庙祭祀时，祭品非常丰盛，他担心武丁这种奢侈的风气会盛行起来，便有心劝谏。他没有直接否定武丁，而是伺机而行。

◀玄武是古人重视的灵物，图为镏金铜玄武

在祭祀时，一只野鸡突然飞进了太庙，落到了大鼎上，高声鸣叫。武丁大惊，以为这是一种不祥的征兆，害怕灾难降临，不禁忧心忡忡。祖己抓住了这个机会，趁机说道："不必害怕，虽说这不是什么好征兆，但只要专心治理朝政，勤俭节约，一切为国家利益着想，不祥之兆就会消除。"

武丁听了，点头认同。从此以后，他再也不那么奢侈浪费了。

▲ 精美的商代玉凤形珮

武丁所在的都城，为"殷"。在殷，自他开始，即公元前1 250年继位，直至殷亡，即公元前1046年，共历7代9王，商朝统治时间有204年。殷作为政治、经济、文化中心，极为兴盛。

然而，等到商朝灭亡后，殷几乎在一夜间就衰败了，沦为一片废墟。考古界因此把它称为"殷墟"。

殷墟有王陵遗迹，有宫殿宗庙遗迹，都在河边。

王陵遗迹中，共发现12座大墓，气势宏伟，多为"亚"字形、"中"字形、"甲"字形。最大的墓，竟有1 800多平方米，深15米。无论是椁室、棺木，还是陪葬物，都极为奢华。

殷墟王陵反映的信息，十分丰富，包括阶级状况、社会组织、等级制度、亲属关系等。它开了帝王陵寝制度的先河。后世王朝纷纷效仿，形成了独特的陵寝文化。它被称为"第二个古埃及"，是追溯文明起源的重要参考。

除此之外，还有2 500多座祭祀坑。陪葬的人特别多，多是青壮年，也有女性和儿童。每个坑里8～10个人，分外残忍。他们都是被杀死后，埋到墓中的。这种殉葬制度，惨无人道，见证了商朝陪葬制度的野蛮。

> **扩展阅读**
>
> 古楼兰是丝绸之路的必经之地，西汉时有1.4万多人，是重要的商品集散地。后因战乱，生态环境遭破坏；泥沙堵塞河道，演化成荒漠。楼兰就此消失，只余废墟。

第二章　夏商周的文明之痕　　031

◎ 如何躲避鬼

在青海的卡约村，有一个卡约遗址。它好生离奇，在遗址的墓葬中，葬式千奇百怪。

有的死者，是仰身直肢葬；有的死者，是侧身直肢葬；有的死者，是侧身屈肢葬；有的死者，是坐卧蜷曲葬；有的死者，还是二次扰乱葬。还有的死者，摆出多种很难想象的姿势。

其中，二次扰乱葬，比较多。

什么是二次扰乱葬呢？

它是指埋葬好死者之后，过一段时间，又挖开坟墓，将尸骨进行破坏或扰乱。死者在第一次下葬的时候，是仰身直肢的葬法，第二次掘开墓地进行埋葬时，躯体的姿势就被扰乱了。

扰乱的方式，也各种各样。

有一种方式是这样的：挖开墓坑，将尸骨在原坑中随意乱扯；再将墓土回填。这种方式的扰乱，死者的骨骼都胡乱堆在一起。

还有一种方式是这样的：把尸骨从坟墓中搬出来，将尸骨扯乱，然后再把躯干部分放回去，将土回填；末了，再放入死者的头骨。这种方式的扰乱，尸骨异常混杂，几乎整个墓室都是凌乱的骨骼，而且与泥土混杂在一起。

◀奇美的木雕双头镇墓兽

遗迹，文明的基因

▲ 古人认为覆盖面具可趋吉，图为金面具

▲ 狰厉怪异的面具，也是古人辟鬼驱邪的一种方式

还有一种方式是这样的：将死者的手、脚截断，或者将部分手指或脚趾截断；甚至将头骨打碎。在卡约文化遗址，有10座墓的墓主人都被截去了手指或脚趾。有的被截掉了一根手指，有的则被截掉了双手和双脚。

这种二次扰乱葬法，一般是多座墓地一起进行的。也就是说，是集体进行的。由于扯乱尸骨也需要力气和场地，所以，相邻墓主人的骨架往往会相互掺杂。一些墓中的死者，常常缺胳膊少腿，或者多出某些部位的骨骼。

为什么会有这种奇特的葬俗呢？

这是羌族人留下的。

炎帝是羌人的先祖，最早在陕西渭水上游生活。炎帝姓姜，他带领羌人进入了中原，跻身于黄河流域，与皇帝部落等并驾齐驱。

商朝时，羌人的疆域非常大。羌人还与周武王一起，加入了讨伐商纣王的联军。在大战纣王的牧野之战中，羌人立下了汗马功劳。可是，羌人的地位却没有因此而提高。由于他们长期生活在边远地区，一直被视作野人、蛮人，备受中原人的鄙视。

羌人进入文明的时间，的确要晚一些。他们对自然现象的认识，的确很落后；对于生老病死，他们也的确不明白，不清楚，往往要求诸鬼神。

他们对鬼神的畏惧，是很严重的。他们认为，人死后就会成为鬼，而鬼是要作祟的，为了防止鬼魂伤害生者，他们便想了个法子——这就是二次扰乱葬法。他们试图通过弄乱死者的尸骨或截去死者手足的方式，让他们死后不能祸害生者。

虽然中原人很鄙视羌人，但中原人也是害怕鬼神的。

在陕西的谭家村，有一处春秋时的秦国墓葬。其葬式，都是屈肢葬；有单人仰身屈肢葬，也有单人侧身屈肢葬。

何以如此呢？

有很多猜测。有的说，屈肢是休息或睡眠时的自然姿势；有的说，屈肢是为了把死者捆住，防止亡灵出来伤害生者；有的说，屈肢酷似胎儿，是死即回归的意思；有的说，屈肢是为了节省墓地资源……

种种说法，都无法提供足够的证据加以证明。

那么，屈肢葬究竟有什么意义呢？

这个谜的谜底，在云梦秦简出土之后，得到了揭晓。

在秦简中，古人表现了对鬼神的敬畏。他们认为，鬼最怕的姿势，就是"窟卧、箕坐、连行、奇立"等；如果采用这些姿势，就可以躲避鬼的祸害了。

其中的"窟卧"，就是指蜷曲着身体卧在地上。

秦人屈肢葬的意思，很简单。那就是：用"窟卧"的姿势，达到避鬼的目的。

为了避鬼，有一个东胡族，还发明出了覆面葬俗。

东胡人用钉缀铜泡和缀有绿松石的麻布，覆盖住死者的头和脸；之后，再用一片长约20厘米的大蚌壳，盖住死者的脸。

这样做的目的，是希望死者灵魂附体，入土为安，不要出来伤害族人。

这些奇特的葬法，反映了古人的思想脉络和社会风俗。

扩展阅读

春秋战国时，岭南墓葬中常有人头、兽头、鸟头等铜柱形器，是棺架柱头饰。这是因为南方多雨潮湿，便在椁室中设棺架，再将棺材放在棺架上，起到防潮的作用。

◎古墓里惊现矿泉水瓶

当一座3 000多年前的古墓中,出现了矿泉水瓶,这意味着什么呢?

这就是发生在2 003年的一件咄咄怪事。

12月,天寒地冻,寒风凛冽,一群北大考古学专业的学生来到陕西的凤凰山。他们的实习期就要结束了,按照惯例,在结束实习之前要进行一次野外勘察。于是,他们便把凤凰山上的西周遗迹作为考察目标。

他们拿着手铲,七手八脚地铲土。有一个学生无意间走到一处断崖中,他下意识地用手铲拨开泥土。突然,他惊叫起来,土里埋藏着两片龟甲!

大家围拢过来,仔细一辨认,顿时惊呆了,这竟然是3 000多年前的卜甲!

在卜甲上,一共刻有55个字,记载的内容,都是之前所未见过的。

显然,这是一次重大发现。考古队决定,对附近的周公庙一带,进行正式发掘。

经过钻探确认,这一带,是庞大的墓葬群,有6处商周时的墓地。其中,仅是西周墓就将近1 000座。

在一个叫陵坡的墓地,考古队在挖掘后,发现在10座大墓中,竟然有4条墓道!

这是一个惊人的发现!在此之前,尚未发现过如此高等级的西周墓。以往,西周墓中,只发现过2条墓道,而只有2条墓道的墓主人,级别就很高了,是诸侯一级。

在周朝,只有天子才能拥有4条墓道的大墓。那么,陵坡墓地的这10座4条墓道的墓主人难道是周天子?

大家七嘴八舌地议论,认为这就是周天子的墓地。因为在商周时期,古人对墓道数量,是非常重视,也非常极端的。西周末年时，周平王遭到叛军追杀，许多诸侯国都睁只眼闭只眼，坐山观虎斗。在这危急时刻，郑国挺身而出。为了保护周平王，本不强盛的郑国几乎出动全国兵力，坚持抗击叛军。郑国还冒着重重危险，把周平王护送到安全地带，帮助他重建朝廷，使周朝得以延续下来。郑国国君的功劳是巨大的。可是，郑国国君没有向周平王索要一寸土地、一块金银，而是提出一个请求，允许他将自己的墓改为4条墓道。周平王断然拒绝了。郑国国君的大墓最终仍旧是2条墓道。可见，周朝的墓道制度是多么的严格。

因此，考古队确定，陵坡墓地的4条墓道大墓，其主人一定是周天子。

然而，疑惑随之而来。

在4条墓道中，只有1条很长，其他3条都很短。墓室只有6.8米长，6.4米宽，特别小。如此看来，又不像是王陵。

怎么回事儿呢？考古队员百思不得其解。

显然，有4条墓道，就说明大墓的规格很高，墓主人的身份，肯定不是诸侯，而是高于诸侯；而比诸侯身份还要高的人，就是周天子，可是，4条墓道又长短不一，说明他又不是天子。

那么，他是谁呢？谁的地位，既在诸侯之上，又在天子之下呢？

突然，有人叫起来，是周公！

众人恍然大悟，的确，墓主人应当是周公！

周公，是周武王的弟弟。他全心全意辅佐武王，经过多年的苦战，平定了天下。然而，两年后，周武王不幸生病了，病情严重。

周公分外焦虑，暗自向祖先祈祷，说周武王生了大病，可能是先祖们欠了上天一个孩子；如果是这样的话，可以让他代替周武王，他侍奉鬼神的能力，比周武王要强一些……

祈祷无济于事，上天并没有带走周公，而周武王的病

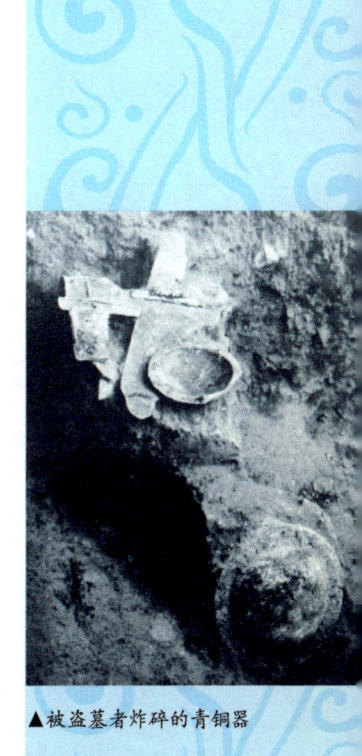

▲被盗墓者炸碎的青铜器

▲ 墓中的车轮印记

情却日益加剧。

周武王知道自己将不久于人世了，把周公叫到跟前，准备把王位让给周公。因为周朝刚刚创立，遗患尚未完全扫除，而周武王之子又年幼，很难担当治国重担。

周公不肯答应，泪流满面，哽咽难言。

周武王死后，周公扶立周武王之子继位，这就是周成王。周成王才10多岁，是个小小少年，根本不知如何主持国家大事。周公便辅助周成王执政。

周公的掌权，让许多人都心生不满，意见最大的是管叔。

管叔也是周武王的兄弟，他对王位垂涎已久，只是苦于没有机会。现在，他决定借机起事。

管叔为了在舆论上孤立周公，到处诽谤周公，说周公对成王极为不利，有称王的野心。

之后，管叔联合了几十个方国，起兵叛乱，以讨伐周公的名义，准备颠覆周王朝。

周公无奈，只好亲自率军出战。历经3年的战争，才最终平息了叛乱。

为了给周王朝开疆拓土，周公又乘胜东进，先后消灭了50多个小国。周朝的势力得到了扩充，延伸到了辽阔的大海边。

周公功勋卓著，位高权重，但却丝毫没有篡夺王位的野心。在周成王继位7年后，周公认为周成王已经能够独立处理政事，便将政权完全交还给周成王。

周公的一生，是伟大而无私的。他去世时，周成王悲痛不已，深深悼念。

为了纪念周公的盖世奇功，周成王对周公进行了加封，亲自为周公主持了葬礼。

而陵坡墓地出现的4条墓道，就是周成王对周公的特许。

周成王准许周公和周公的家族，可以使用4条墓道的

第二章 夏商周的文明之痕

墓葬。为了区别于天子,将其他3条墓道变短变窄。

墓道之谜就此解开了。

但还有一个问题,仍在困扰着考古队。这就是:在陵坡墓地,从山上到山下,一共排列着10座4条墓道的大墓,那么,在这10座大墓中,哪一座才是周公的墓呢?

大家一致认为,应该是山顶上最高的那座;这座墓也是10座墓中最早的一座。

既然如此确定了,考古队便把主要精力用在了对这个墓的发掘上。

队员们把墓上的杂草都拔除了,又将泥土都清理掉。然而,就在这时,他们气愤地看到,面前是一个偌大的圆形深坑。

大家顿时泄了气,显然,墓已被盗墓者洗劫了。

从这个圆形盗洞判断,盗墓贼一定是趁着夜深人静时,直接在墓中埋上了炸药,将墓炸出了一个坑道,再钻进墓室里去的。

考古人员顺着坑道来到墓室,墓中荡然无存,别无一物。因为文物都被盗走,墓葬的年代和墓主人的身份,都无法得到确认。

无奈的考古队,在叹息声中,只得放弃了这座墓葬。

考古人员又去发掘其他两座墓葬,结果,意外再次出现了。

◀龙凤纹玉珮,显示了周朝人奋发图强的精神

他们这次没有发现盗洞，起先还很高兴，细致地清理着墓的封土。可是，当他们费尽心血，清理了一半的时候，突然，有人在阴暗的一角发现了一个物件——它不是文物，而是一个矿泉水瓶！

这个矿泉水瓶的出现，如同一颗巨型炸弹，在阴暗的墓室内轰然炸开，考古队员的高涨情绪，瞬间被炸飞了。他们仿佛跌入了深谷，再也没有一丝心力。

毫无疑问，这是盗墓者留在墓中的矿泉水瓶。它意味着，有一伙贼已经抢先进入了墓葬。

果然，墓中只剩下一些残片，有瓷片，也有青铜片，都破碎得不成样子。

青铜器在西周是异常珍贵的，它既是礼器，也是祭器，上面铸有铭文。铭文的内容，会填补西周历史的许多重大空白。但盗墓者炸毁了青铜器后，泥土中只剩下一些小碎片，隐约可见铭文的笔画，已然无法考证。要想追溯历史，是不可能的了。

盗墓贼的卑鄙行为，导致了历史痕迹的消亡，也使追踪周公的线索，戛然而止了。

扩展阅读

晋朝有个盗墓贼，在战国墓中盗出一堆破竹简，打算烧掉。偶然间却被县令发现，县令将其送到都城。和峤等人将其整理出来，乃《竹书纪年》，权威性超过《史记》的相关记述。

◎墓中惊现最早的军犬

公元前815年，北方的狎狁族，连蹦带跳地冲出深山，进攻虢国。

他们异常勇猛，一举攻下了函谷关，向茅津渡逼近。

在这危急关头，虢国的三王子虢季子白带领军队，前去抗击蛮族。

虢季子白英勇善战，在他的指挥下，虢国将士与狎狁族展开了一场激战。最终，虢军杀掉对方500人，俘虏对方50人，取得了完全的胜利。

胜利归来，虢季子白作为大功臣，被赐予骏马和宝弓。

虢季子白自己也很兴奋，很愉悦。为了纪念这次胜利，以便激励后人，他命人用青铜铸造了一尊盛水器。

这个器具，便是后来被称作"虢季子白盘"的宝物。它有点儿像一个浴缸，重215.3公斤，长1.3米左右。

但这个稀世珍宝，却在春秋时离奇失踪了。

当时，虢国再一次面临战乱，这次是晋国要攻打它。

晋国野心勃勃，一直想吞并虢国和虞国。但因为虢国和虞国是相邻友邦，晋国迟迟不敢动手，担心攻击其中一个国家，另一个国家会出手相助。这样一来，想要取胜就很难了。

晋国的大臣荀息，深知此中深意，便向晋献公献计。

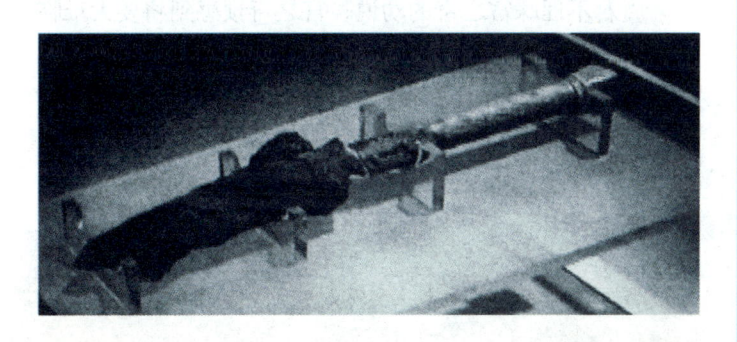

◀铁制的"中华第一剑"

他说:"要攻下这两个小国家也不难,只要想法离间他们,这样的话,发生战争后,他们就不会互相支援。"

晋献公问:"怎么离间,有什么好计谋?"

荀息说:"虞国的国君很贪财,可以利用他这个弱点,投其所好,送给他屈产良马、垂棘之璧。如此,就可以。"

屈产良马和垂棘之璧,是晋献公的心爱之物,他舍不得。

荀息劝说道:"这两件宝物,也不过是让虞君暂时保管,等晋国攻下了虢国,再把虞国灭了,宝物自然就又回来了。"

晋献公答应了,派人将两件宝物送给了虞君。虞君果然欣喜若狂,中了计。

不久,晋国便故意在晋国和虢国的边境惹事,然后,借口攻打虢国。在出兵前,晋国告诉虞国,军队伐虢要经过虞国境内,请求虞君借路。

虞君得了晋国的好处,不好推脱,便爽快地答应了。

虞国的大臣宫之奇,极有头脑,他看出了里面的玄机,坚决反对借路。

宫之奇向虞君分析道:"虞、虢两国是嘴唇和牙齿的关系,虢国一旦灭亡,虞国也必定遭殃;晋国灭了虢国,下一步就会把矛头指向虞国了。"

虞君不以为然,说:"晋国现在是虞国的朋友,为了交一个弱朋友,而去得罪一个强盛的朋友,这是愚蠢的。"

虞君不理睬宫之奇的劝说,宫之奇预感到将要大难临头,有灭国之灾,便远走他乡了。

就这样,晋国大军进入了虞国境内,一路畅通无阻,很快便开到了虢国。

弱小的虢国哪里经得起晋国强有力的进攻,很快就灭亡了。

晋国得胜归国,途中,突然对虞国发起了攻击。贪得无

▲战国动物纹提梁卣(酒壶)

▲纹饰复杂的青铜鼎

第二章 夏商周的文明之痕　　041

厌的虞君后悔莫及，但为时已晚。虞国就这样也被灭掉了。

　　虢国灭亡后，便从版图上消失了。它消失得非常彻底，彻底得让人惊讶，后世压根找不到它的国家遗迹在什么地方。还有那尊价值连城的宝物——虢季子白盘，也下落不明，神秘失踪，留给一代代人一个难解之谜。

　　几千年过去了，直到清朝，关于虢国的线索才隐约浮现出来。

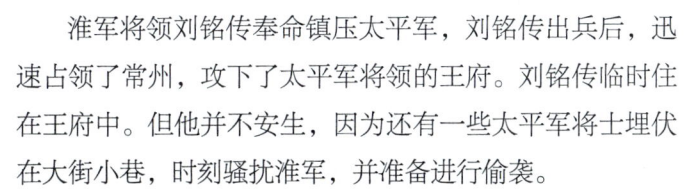

▲墓室内的辉煌玉饰

　　淮军将领刘铭传奉命镇压太平军，刘铭传出兵后，迅速占领了常州，攻下了太平军将领的王府。刘铭传临时住在王府中。但他并不安生，因为还有一些太平军将士埋伏在大街小巷，时刻骚扰淮军，并准备进行偷袭。

　　一个夜里，刘铭传独自一人坐在王府大厅里看书。周遭寂静，忽然，耳边传来金属撞击的声音。刘铭传大惊，立刻起身。他以为有太平军潜入王府，命人严加搜查。

　　奇怪的是，士兵们把王府搜了个底朝天，也没发现可疑人影，没有异常情况。

　　过了一会儿，金属撞击声又响了起来。众人循声找去，却发现是从马厩里传出来的。来到马厩，驻足凝视，原来是马笼头上的铁环碰到马槽发出的声音。

　　虚惊一场，众人都松了一口气。

　　刘铭传却疑惑起来，马槽明明是木制的，如何会发出叮当的金属撞击声？

　　他让士兵拿着灯笼，仔细查看马槽。灯笼的光太微弱，看不大清楚，没发现什么。他便用手去摸马槽。这一摸，才知道马槽根本不是木制的，而是一尊金属体。

　　是什么呢？

　　刘铭传惦记了一夜。第二天，天一亮，他便走进马厩，

▲ 尊贵的青铜礼器：扬鼎

又摸又看。

他越来越觉得，马槽很奇怪，有文章，便命人将马槽冲洗干净了。

这时再一看，原来是一件古朴的青铜器。

这就是虢季子白盘！

它在曲折地隐藏了几千年之后，终于如此偶然地露面了。

虢季子白盘的现世，掀起了探寻虢国宝藏的热潮。

由于虢国在灭亡之前，曾迁移到三门峡一带。因此，三门峡的荒郊野岭便成了寻宝大军聚集的地方。但基本一无所获。直到考古队进驻后，才有了惊人的发现。

在11米多的地下，考古队发掘出了一个巨大的古墓。在墓室中，整齐地摆着7个气势雄浑的青铜大鼎。

在周朝，鼎是标志主人身份的重要礼器，礼仪规定：天子九鼎，诸侯七鼎，大夫五鼎，士人三鼎，庶人一鼎。而这个大墓中有7个鼎，显然，墓主人的身份非诸侯莫属了。

后经一再确认，这个大墓，就是虢国国君虢季的陵墓。

考古队开始清理墓室。就在清理车马器时，考古队员被一件闪亮的物件吸引了过去。

仔细一看，是一块玉。

考古人员疑惑了，玉一般都是放在墓主人身边或身上，为什么会混杂在车马器里呢？

众人把玉上的尘土擦去，这才看清，竟是一把剑的剑柄，剑被掩埋在其他物件中。粗粗看去，剑身腐蚀严重，残缺不全，似乎没什么价值。

然而，经测试之后，考古队愕然地发现：剑是铁制的！

众人无不惊讶，因为当时的史学界一致认为：中国发明铁器是在东周的春秋时期。而这个墓的墓主人却是西周时的国君。这样一来，中国的冶铁史便被足足提前了近

第二章 夏商周的文明之痕

200年！

这把腐蚀的铁剑，当之无愧地被誉为"中华第一剑"。

地下还有一个长15米的车马坑。里面有5辆战车、10匹战马。每辆车有2匹马，均被压在车下，马头朝向北方，排列非常整齐。显然是宰杀之后再埋葬的。

令人讶异的是，在战车的底下，居然还发现了狗的骨架！

经过确定，这些狗都没有被宰杀的痕迹。也就是说，它们都是在被活埋之后，窒息而死的。

让狗活着殉葬，这是一件稀奇事儿。尤其在国君的陵墓中出现，就更为奇怪了——国君大多让人殉葬，几乎没有让狗殉葬的。

这是怎么一回事呢？

考古队经过一番追索，终于得出结论：这些狗，并不是普通的家犬，而是军事力量的一部分，它们是军犬！

军犬的发现，对研究西周军事力量，有着极其重要的意义。同时，它也表现了战争对于诸侯国的意义，也透露出当时战争的成熟程度。

扩展阅读

宁夏有水洞沟古人类遗址，属旧石器时代，出土了3万多件石器、67件古动物化石。它们仿佛一个个的历史密码，蕴藏着3万年前古人类的生存画卷，极为珍贵。

◎ 船棺里的战国史

挖掘人员在四川什邡的城西，埋头挖土。

一个船棺墓被挖了出来。

又一个船棺墓被挖了出来。

他们一刻不停，陆陆续续，竟然一口气挖出了22个船棺墓。

每个船棺墓里，都有许多船棺。每一具船棺，都是东西摆放；而且，由一根整木头凿成。

最长的一具船棺，长达7.4米！棺头宽，棺尾窄，微微上翘。

在棺材底部，在放置死者的地方，还特意呈凹状。上面还留着一些粗糙的深浅不一的凿迹。它们就好像古代匠人的指纹，默默地诉说着过去。

在棺材背面，树皮还没有剥去，散发出遥远的气息。

这些船棺，很像渔船，只不过，它们没有颠簸在水里，而是搁浅在地下。

它们是从何而来？

经过再三考证，发掘人员确定，它们来自战国初期。

另一些问题接踵而来，棺材为什么要做成船的形状？

原来，早在几千年以前，什邡有很多河流，捕鱼是蜀人的主要工作。他们在出行时，搬运时，也多半走水路。船是他们的主要生产工具和交通工具。为了使死者能够在死后仍能享受生前的待遇，他们便把棺材做成了船形。他们还相信，人死后，灵魂尚存，因此，他们要沿着水路送走灵魂。而船棺，也还是"载魂之舟"。

而巴人的侵入，则使船棺葬更加兴盛了。

古老的巴人，原先在今天的湖北江陵、巫山一带，沿着江河居住。由于环境恶劣，他们的生活很艰苦，没有房

▼带着翅膀的青铜人，代表着古人渴望灵魂不灭

子，时时刻刻受到狼虫虎豹、山洪泥流的威胁，经常四处迁徙。

巴人擅长制陶，他们的船就是陶制的。有一天，一个巴人部落再也无法忍受了，坐着陶船，沿江向蜀地迁徙。

在水中央，巴人叽叽喳喳，想要选拔首领。选拔的方式，是向石孔里投剑，谁能把剑准确地投中，谁就当首领。结果，廪君投中了，众人便在他的率领下奔向蜀地。

巴人自小就熟悉水性，擅长驾驭舟船。什邡的洛水很宽阔，这让巴人有了用武之地。他们一到什邡，便充分发挥长处，把蜀人打得落花流水。由此，他们获得生存的土地，开始繁衍生息。

▲怪异而精巧的战国青铜器

巴人侵入蜀地后，把自己的文化和习俗强加给蜀人。当然，巴人也无形中接受了蜀人的文化和风俗。巴人与蜀人互相渗透，最终融洽起来。巴人入乡随俗，与蜀人一样，也实行了船棺葬。

什邡船棺墓葬群，是最大的船棺墓葬群，具有重要的考古价值。通过它，可以揭开一段鲜为人知的战国史。

扩展阅读

岩葬盛行于春秋战国时的干越族。他们把尸体放入悬崖峭壁上，或放入崖壁的洞穴、岩腹中。这种特殊的葬俗，不同于中原葬俗，是族属差异、文化差异造成的。

遗迹，文明的基因

◎ 反盗墓的技术

由4个村子构成的墓葬群，该有多么隆重呢？

的确，这就是晋国贵族墓葬群。

在山西曲沃县，曲村、天马、北赵、毛张是4个偏僻的小山村。太行山无声地横亘，晋国贵族墓葬群默默地沉睡了3 000多年。直到盗墓者制造出惊天动地的爆炸声，打破了山村里悠长的宁静。

爆炸声惊动了考古人员，他们到此进行抢救性发掘。

盗墓者的破坏，是惨不忍睹的。不过，所幸还有3座墓地幸免于难，奇迹般地保存下来了。

为什么独独这3座墓没有被盗呢？难道内有玄机，有什么门道？

考古队员纳闷地核计着。随即，便开始了紧张的挖掘。

然而，盗墓者并没有因此而放弃行动。他们甚至与考古队比赛挖掘的进度。考古队在白天挖掘，他们就加夜班，

▲设计奇巧的玉人　　　　▲外形离奇的青铜器

在夜间盗掘。

他们资金雄厚，每隔一米的距离，就用洛阳铲打一个洞，进行钻探。而考古队资金不足，每隔3米才能打洞钻探。

考虑到墓地范围太大，现场人员太多太杂，为了防止盗墓者浑水摸鱼，政府专门派出武警部队前来保卫墓地。但战士们对于考古和被盗痕迹不熟悉、不了解，于是，便给考古队员们配发了枪支。

这样一来，就由战士们负责白天的保护工作，而夜晚，则由考古队员配合战士们进行巡逻。为了防止意外发生，不管是战士还是考古队员，都时刻保持着高度警惕，连睡觉都要把枪放在枕头底下，以便随时行动。

这次考古发掘，条件极为艰苦。太行山的深秋，异常寒冷，考古队员处在阴冷潮湿的墓地中，更是冰冷刺骨。他们在墓地里生起火，依靠原始的办法来对抗恶劣的天气，可是，仍旧瑟瑟发抖。而且，由于长期跪地工作，不少队员患上了关节炎，疼痛难忍。

考古队的艰辛劳动，带来了意外惊喜。这个惊喜，是在发掘到3座墓的椁室时发现的。

这是几座"积石积炭墓"。也就是说，它们是一种防偷盗的古墓。正是这个原因，它们才保存完好，没有被盗的痕迹。防盗墓自身的保护措施起到了作用。

什么是积石积炭墓呢？

古书是如此记载的："题凑之室，棺椁数袭，积石积炭，以坏其外。"

就是说，在墓中放置了石头和木炭。石头是为了阻止盗墓者的挖掘，木炭则具有吸水的功效，可以防止墓室潮湿。

有一座墓中，只有木炭，没有积石。不过，它有一道夯土墙，这道夯土墙取代了积石。

▲ 晋侯墓地出土的精美玉器

▲ 盘旋蜷曲的鹿角

▲ 晋侯墓出土的休簋

在另一座墓中，墓底有一层石板，石板上有3条石梁，每条石梁宽0.6~0.9米，高0.6米左右，长度正好是墓室东西的长度。在3条石梁之间，以及石梁四周，都填满了木炭。石梁的上面，有3根木梁，棺椁就放在木梁上。棺椁的四周，也填满了木炭，还有一些积石。打开棺椁，棺椁内部也用木炭填充。

在第三座墓中，又有一些不同。棺椁的周围都有积石，上下都有积炭。尤其不同的是，棺椁上竟然还放着一辆车。

采用积石、积炭来处理墓室的方法，在晋侯墓地中比较常见，它可以有效地阻止盗墓者进入。

在周朝时，古人已经注意到盗墓行为的猖獗。尤其在一些贵族墓地，盗墓者知道里面有大量的陪葬物，便时常溜进去，争相盗取。早在几千年前，就有许多贵族的墓地被盗掘一空了。盗墓成了人人憎恨的行为，《吕氏春秋》上对此进行了痛斥，将盗墓者与狐狸、水泉、奸邪、寇乱并列为一等祸害。

盗墓者对墓葬和死者造成了严重的威胁和干扰，为了保护墓葬，使亡者得以安宁，贵族们绞尽脑汁，最终发明了用积石、积炭保护墓地的方法。

而正是这种方法，使得一些墓葬能够幸免于难，也使考古人员得以通过墓葬来还原历史。

考古队员将密密麻麻的积土和木炭清理干净后，异常小心地打开了椁室。椁室一经打开，所有的人都欣喜若狂。里面的陪葬物之多、之稀奇，令人瞠目结舌。累计3座墓葬的陪葬物，竟然有几千件之多，完全可以单独设立一个大型博物馆来陈列它们。

如此多而珍贵的文物，更使考古队和战士们担忧了，因为盗墓者依旧在暗地里虎视眈眈。

盗墓者的衣着与考古队员差不多，他们也携带着洛阳铲，由于人多，很多时候，都无法辨别他们究竟是盗墓者还是考古队员。一旦盘问他们，就可能面临黑洞洞的枪口。

盗墓者的装备是相当精良的，还有冲锋枪。有两伙盗墓集团在互相争抢时，还发生了摩擦，闹出了火拼的场面。他们开着越野车，奔驰在墓地上，用冲锋枪疯狂扫射，压根儿不顾文物的损坏。

盗墓者为了盗取文物，往往不择手段。他们为了快速取土方，肆意使用炸药。而炸药爆破，会产生挤压力，导致盗洞周围的泥土形成坚硬的土层，压碎文物。炸药使墓室混乱不堪，无法进行正常清理。

常常出现这样的情况，盗墓者在实施爆破后，考古人员闻声赶来，但一切都晚了，地上一片狼藉。有不少青铜器直接就被炸成了碎片，与周围的泥土混在一起，分离起来异常困难。

考古队只好将泥土和残片一起装车，搬运回北大的文物修复室，进行处理。在这里，专家们往往要花费至少一年的时间，来修复这些破碎的文物。

最为可惜的是，有些被严重损坏的文物，将永远也不能恢复原样。

盗墓者造成的损失是难以估计的，他们的野蛮行为，使一些真实的历史无法得到还原。

好在考古队员们还是尽力地保护了一些文物。当然，假如没有积石积炭的防护措施，这些文物恐怕就没有那么幸运了。

其实，在古代，除了积石和积炭，还有积沙墓。

这是一种更为简单，也更为有效的防盗措施。

积沙墓在春秋战国时就发明了，到汉代的时候，这种技术达到巅峰。

汉昭帝建造陵墓时，为了防盗，他不惜血本地运沙子。他一共用了3万辆牛车，从其他地方运来沙子，填充墓室。长长的山路上，运沙车浩浩荡荡。

积沙墓都很大，有些墓中，光是沙子就深达90多米，有1 000多立方米。

建造这样的积沙大墓，需要先把棺椁固定好。然后，围着椁室和邻近墓道，用巨大的石头砌成墙体，再把大量沙子填充在墙内。最后，还要在沙上架设石块。

一旦盗墓者侥幸进入了墓室，沙子就会倾泻而出，沙上的石块也会随之滑下，砸向墓室。盗墓者就会被困在墓中，无法脱身。

通常，很多盗墓者根本无法进入墓室；即使能进去，也会耗费大量精力。因为沙子具有很大的流动性，盗墓者刚挖出盗洞，里面的沙子就会流出来堵塞住盗洞，清理起来很不容易，因为沙子会源源不断地流出。

因此，积沙防盗法，是非常有效的。

古人的反盗墓技术的高明之处，令人惊叹。

扩展阅读

通过古墓遗迹的发掘，可了解春秋战国时的人殉制度。秦穆公的墓中，有177人殉葬；曾侯乙的墓中，有21个年轻女子殉葬；齐桓公的墓中，处处皆是人殉遗骸。

◎在哪里与孔子相遇

史书上记载了这么一件事。在公元前481年，初春时节，万物复苏，桃红柳绿。鲁国贵族们沐浴着大好的春光，浩浩荡荡地来到都城曲阜的西郊，进行狩猎。

在密林中，他们捕获了一头野兽。野兽长相特别奇怪，头像龙，身像麝鹿，尾巴却像龙，身上还覆盖着鳞片。

这个怪物，被运回城中。鲁国人围拢过来，争相观看，都说是不祥之物。

70多岁的孔子也看到了这个怪物。他淡淡地说："这是麒麟，麒麟生不逢时，我也是生不逢时啊。"

旁人疑惑不解，莫名其妙。

孔子又说："麒麟被捉了，看来，我也将不久于人世了。"

孔子相信生老病死是自然规律，他不惧怕死亡，面对死亡他平静、淡定。

◀植物繁茂的孔林

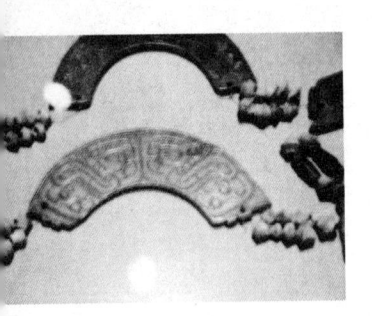

▲ 玉组珮的独体构件

他唯一担心的是，他的思想没有多少人能够理解，等他死后，他的思想或许将无法传承下去。

因此，他对弟子子贡说："这个世界，没人懂我。别人不懂我，我也不能怪。我认真学习处世之道，只要一心去做我该做的事，不违背上天就问心无愧了。或许，明白我的只有上天了。"

子贡很担心孔子。有一天早上，他匆匆走去看望孔子。

未入门，子贡就听见孔子的歌声："泰山要崩陷了吗？梁柱要摧折了吗？哲人要凋萎了吗？"

子贡听见，不觉一阵凄凉，他知道孔子生病了，也许真的将要不久于人世了。

他情不自禁地自言自语道："如果泰山崩陷了，我还能仰望什么呢？如果梁柱摧折了，我还能依靠什么呢？如果哲人凋萎了，我还能以谁为榜样呢？"

子贡黯然神伤，疾步走进屋去。

孔子面对着门，安详地坐在堂屋里。孔子见了子贡，轻轻地说："你怎么才来啊？"子贡心下酸楚，异常悲痛。

孔子病倒了，再也挣扎不起来了。

鲁国的国君派来最好的医生为孔子诊治。孔子拒绝了，他不愿意服用药物，他希望静静地等待死神的降临，自然地死去。

鲁国的权臣季氏也派人给孔子送来了药。孔子依旧拒绝了。季氏是压制他思想的人，他担心汤药里有毒。他虽然不惧死亡，但他厌恶暴毙。

7天之后，一代圣人——孔子，驾鹤西去了。他是那么平静，那么坦然，而草木却倏然动色，天地也蓦然含悲。

依照孔子生前遗言，弟子们在办理他的后事的时候，异常简朴。他们为他建造了一座浅浅的斧形坟墓；把他入土后，用木板和土夯在一起，就完成了安葬程序。

这位举世瞩目的圣贤，就这样静静地躺在了泗水岸边。

第二章　夏商周的文明之痕

孔子却并不寂寞，他的弟子们守在墓地旁，一守就是3年。

3年之后，当众弟子离去后，子贡一个人留了下来。他在泗水边搭了一个小棚子，默默无闻地陪伴着他的先师。

子贡从41岁开始守墓，一直到47岁，他才离开墓地。

孔子去世后的第二年，鲁国国君命人去孔子的故居曲阜，将3间屋子收拾出来，作为家庙，专门收藏孔子生前用过的车、穿戴过的衣帽，还有琴、书等，还专门派兵看护。

从此以后，一年四季，鲁国都要祭祀孔子。虽然祭祀规模很小，陈设也很简单，但一直持续着。

许多年过去了，到了汉朝，孔子仍然享受祭拜。

汉高祖刘邦有一次途经鲁国故地时，特意前去祭祀孔子。他亲自用猪、牛、羊作为祭品，对孔子进行了隆重的追悼。

刘邦是第一个祭祀孔子的皇帝，他开了帝王祭孔子的先河。

从此，孔子的家庙，成为了国庙。

在几千年的沿袭中，孔庙，演变成了一个文化符号。

到了清朝，对孔子的崇拜发展到了极致。孔庙也有很多。康熙皇帝亲自到孔庙，行叩拜大礼。

雍正皇帝则破例允许孔庙使用黄色琉璃瓦，而在当时，只有宫廷建筑才有资格使用这种瓦。

位于曲阜的孔庙，是祭祀孔子的本庙，各朝各代都祭祀不断。它穿越2 400多年的光阴，是最著名的古建筑群之一。它有300多座古建筑，修建于不同的朝代，因此，也反映了不同朝代的思想和文化。它还有1 000多件石刻、圣迹图等，从中可梳理出一段石刻史。

▲孔林的繁丽建筑

孔子为什么生前寂寥，死后享受哀荣呢？

这是因为，孔子的儒家思想，对巩固国家政权有很大帮助，皇帝可以用以强化统治。所以，几乎每一代皇帝，都对孔子家族进行过封赏，导致孔子家族的住宅也不断扩大。

▲ 周代玉组佩，华丽无比

孔子后代居住的地方，就被称为孔府，又称"圣府"。它位于孔庙之东。

清朝时，孔府内的7座楼不慎被一场大火烧毁了。朝廷震动，不惜出资白银8万余两，对孔府进行大规模的重建。

孔府号称"天下第一家"，有房舍463间。古朴雍容，幽深典雅，集官邸和宅第于一体。

孔府内，有10多万件文物。其中，以元明衣冠，最为罕见。它们是研究古代服饰和纺织的重要实物。

孔府内，还有30多万件文书档案。它们对研究明清历史有不可忽略的价值。

孔林，是孔子和他家族成员的墓地。累累墓冢，有20余万个，到处是碑碣，到处是碧木。

孔林沿用了2 400多年，是世界上沿用时间最长的家族墓地。

孔林有5 000多块碑刻，透过它们，可窥见历代政治、文化和艺术等光影。

孔林有10多万座墓葬，透过它们，可了解古代墓葬制度。

孔林有1.7万多株古木，透过它们，可研究古代物候学、气象学和生态学。

孔林俨然一座天然的植物园。作为世界上最大的家族墓地，它比整个曲阜城还要大。

在中国，无论在哪里，都闪现着孔子的思想。如今，在国外，有不少西方人也在潜心研究他的思想。他临终前的担心没有成为现实。或许，这是对他最大的告慰吧。

扩展阅读

位于长江下游的河姆渡遗址，有大约7 000年的历史。它很可能是世界上稻作文化的发源地。河姆渡人制作骨器很拿手，在骨匕和骨笄上，还刻有花纹和连体鸟纹。

◎一个险些从历史中走失的小国

一个冬天,刚下过一场冻雨,天气奇寒。在河北的三汲,有一个人正在田里忙活。

他家的田埂被雨冲垮了,他想在地里挖些土,填埂挡水。

他用力挖着,突然,挖到一块石头。石头圆滑,好像经过了雕琢。他用手拂去泥巴,看到上面还有文字,样子奇怪,一个也不认识。

他感觉奇怪,抱着石头回家,去找村里文化水平较高的人来看。结果,没有一个人认识这些字。他感到莫名其妙,想扔却舍不得,不扔也没啥用。最后,他顺手把石头搁在仓房里,放在地上,用来垫麻袋。

此事传到了考古学家的耳中,职业的敏感性,让他们意识到,这不是一块普通的石头。他们匆匆地赶到村民的家里,去看石头。

依旧看不懂,不知是什么意思。但有一件事确定下来了——这是战国时刻下的文字。

考古学家把石头上的文字临摹下来,寄给了北京的古文字专家。

一个多星期后,北京回信了,信上再三强调,此石非常重要!

根据古文字专家李燕先生对奇怪文字的翻译,这块石头上一共19个字——监罟右臣公乘得守丘其齿将曼敢谓后乎稽首。

这文字是战国人公乘留下的。公乘说:"臣公乘负责为国君看守园囿,是否(羔羊)日后能长得齿足而且皮毛柔美,请问上天能告诉我吗?叩首。"

河北的三汲一带,原本古墓较多。根据公乘的话,可以确定，这一带还埋葬着战国时的某一个诸侯国的国君。

是谁呢？

考古队员循迹而往。他们来到发现石头的地方，注意到，此处距离灵寿不远。而灵寿，就是战国时中山国的都城。这样看来，这里很可能就是中山国国君的陵墓所在地。

中山国，是少数民族建立的诸侯国。中山国的先民，最早生活在北方的深山老林里，这些古老的人，被称为鲜虞人。鲜虞族不愿意世代藏在山野中，便走出密林，四处征战，历经无数年的努力后，终于建立起了一个小国家，这就是中山国。

中山国所在的地域，不适合生存。为了寻找更好的家园，中山国的子民，翻越了高耸的太行山，艰难地向东部平原迁徙。遗憾的是，他们始终没有站稳脚跟，时常被周边的强国欺凌。在公元前407年，魏国一马当先，灭掉了中山国。中山国沦为了魏国的属国。

中山国的国君，逃到了大山中。他并未泄气，而是奋发图强，艰苦努力。经过20多年的抗争后，他终于复兴了中山国。在励精图治中，使中山国走向了繁盛，不断扩充疆域。

然而，在诸侯争霸的战国，每一个国家都是颠沛动荡的，尤其小国，更是朝不保夕。就在公元前296年，又一

▶战国山字纹铜镜、弦纹铜镜

伙强敌猛攻了过来,中山国的都城——灵寿,陷落了。

中山国从此烟消云散,只留下一段扑朔迷离的传说。

中山国的国民,不是中原人,而是鲜虞人,被视为蛮族;加之,它非常小,因此,有关它的记载,少之又少。

为了揭开这个神秘古国之谜,考古队进入了三汲一带。

考古队对编号6号的陪葬墓进行了发掘。然而,这个墓的主墓室一片狼藉,早就被盗墓贼光顾过,墓内空无一物,队员们都大失所望。

队员们从墓室出来,走到地面上,面面相觑。

有个雇来的村民也很沮丧,他走到一边去收拾东西。突然,他的一只脚踩空了,陷了下去,眼前霍然出现一个大窟窿。

他吓坏了,叫人拉他一把。队员们跑过去,把他拉了起来。

他看着黑咕隆咚的窟窿里冒着气,不禁说道:"好大的烟!"

考古队长却是一惊,脱口而出:"不是烟,是地宫中冒出的热气!"

众人欢腾起来。真是机缘巧合,这么偶然的一脚,竟然踩出了巨大的惊喜。

考古队员们正为这个空墓感到失落,谁能想到,就在这空空的主墓室旁边,居然还有一个地宫。

他们再度回到地下,走进那个踩出的地宫,发现这是一个堆放着奇珍异宝的宝库。让他们欢悦的是,这样的宝库,有两个,分别位于东西两侧,里面满满当当都是文物。

这种奇怪的墓室结构,在战国时期的其他国君陵墓中,是没有的。盗墓贼也没有想到,所以,错过了它们。

宝库中,有一件"山"字形青铜器。它很特殊,高143厘米,重50多公斤。

众人围着它,不知道它是干什么用的。

▲造型灵巧的战国樽

是什么呢？

大伙研究了许久，终于明白了，它是中山国的国徽！

中山国的国民，是鲜虞人，鲜虞人来自大山，崇拜大山。所以，他们制造了这个"山"字形的青铜器，体现了中山国的国家意志。

这大概是世界上最早的国徽了。

地宫里，光线黑暗，青铜器上还蒙着一层锈，上面的纹饰看不清楚。当考古队员清理过地宫后，把文物转移到了地上，有个人无意间走到一个巨大的青铜方壶跟前，顺眼一看，顿时惊呼起来："上面有字！"

是3个模糊的字：中山王！

方壶高63厘米，重28公斤，是一件庞大的酒器。壶身的四周都刻着铭文，总共450个字。有一段文字的意思是：这里埋葬着中山国历史上最伟大的一位国君，他为子姓，名叫"错"。

铭文中，还记载了子错征讨燕国的事情。

公元前314年，齐国攻打燕国，燕国局势混乱，子错乘机出兵。他率军分3路进攻燕国，很快便占领了燕国几百里的疆土。为了纪念这次胜利，中山国便铸造了这件大酒器，原材料就出自燕国。不料，第二年，子错就得了重病，不久便死了。

考古队员还注意到了一个扭曲的东西。由于此前盗墓的人，在墓中放了大火，这件文物被烧得严重变形，肉眼几乎无法识别它是什么。经过处理，才发现它是一块铜板。

铜版上，有一幅图案，用金银线镶成，图案的旁边，还有文字注释。

经考证，这是一幅建筑平面图。

这当真是一个震惊世界的发现。

迄今为止，它是唯一的王陵设计图，也是世界上独一无二的最早的建筑平面图。

▲山字形的中山国国徽

这幅设计图，设计的就是中山王的陵墓。只是，墓地没有依照设计图上的计划顺利进行下去。因为在子错去世之前，又与周边的诸侯国发生了冲突，中山国在连年征战中，国力已衰败，当赵国的大军压过来时，中山国毫无招架之力，最终被灭了国。子错的王妃，也被流放了。所以，子错的陵墓，只能草草完工了。

扩展阅读

古墓葬的风水思想很朴素：墓在地下，可避免禽兽虫蛇噬扰死者；栽树封土，便于祭奠；不埋太深，可避免地下水浸湿和蝼蚁伤害；选在高处，可防止水淹。

第三章
雄浑的秦汉遗迹

遗迹，可反映古人类的活动，可管窥古代社会的发展。秦朝尚武，大气磅礴，留下了兵马俑等绝世遗迹；汉朝繁盛，国富民强，留下了开辟西域之路等遗迹。还有诸多的文明遗迹，如帝王们的封禅、古老的栈道等，无一不残留着古人的独特思想，彰显着历史的雄浑之气。

◎让人热泪盈眶的奇迹

在西安,一场惊动了世界的发掘,正在展开。来自世界各地的新闻工作者都聚集在那里,屏住呼吸,紧张地凝视。

这是秦兵马俑的发掘现场。

当大堆的泥土被掘走,当地下埋藏着的千军万马在刹那显露,全场都激动起来,都沸腾起来。

那些精致的战车,那些威武的战马,那些全副武装的将士,它们作为中国第一位皇帝的殉葬品,一瞬间,俘获了整个世界。

天下着大雨,潇潇的雨声和哗哗的雨流,并未让任何人离开。美国《国家地理》杂志的一个记者,站在雨中,眼睛一眨不眨,默默地凝望。他面对着这样浩大壮观的场面,不禁热泪盈眶。

他激动地写道:"这是多么伟大的杰作!这些兵马俑无

▶气势磅礴的兵马俑坑

不栩栩如生，我们可以看见，这些兵士似乎已经摆好了姿势，正在等待攻击的命令……"

兵马俑被誉为"世界第八大奇迹"。

这些兵马俑，是在2 200年前制成的。有一支6 000人的前锋队伍，兵士们个个威严，从容，神态逼真。如此壮观的阵容，再现了秦灭六国，统一天下的雄壮军容。

兵马俑的发掘，为后世了解秦朝的军事力量提供了宝贵资料。然而，也随之出现了不少难解之谜。

大多数的陶俑，身上都披着铠甲，但是，却不戴头盔。这是为什么呢？

陶俑多被塑造得英武壮硕，但是，他们却都有点儿"啤酒肚"——腹部稍稍隆起。这又是为什么呢？

原来，这与秦朝的晋爵制度有关。

秦朝法律规定：在战场上，只要斩下一个敌人的首级，就能获得一级爵位，还能得到一处土地、房屋，另有几名侍从；只要斩下两个敌人的首级，若妻子为奴隶，则翻身成为平民，若父母是犯人，则转瞬获得自由；爵位一代代相传，若父亲死了，儿子便继承爵位。

秦兵的英勇善战，跟这种功爵制度分不开。在这样的诱惑之下，秦人对于战争的狂热，远远超过了对战争的惧怕。他们一到战场上，就拼命冲锋，一往无前，努力搏杀。由于头盔笨重，阻碍他们冲锋陷阵，于是，他们多半都会摘掉头盔，有的还摘掉铠甲，赤膊上阵。他们每杀死一个敌人，就会把敌人的头颅割下来，拴在腰带上。接着，再继续投入战斗，准备斩获第二个、第三个甚至更多的头颅，以便取得更高的爵位。

这就解释了秦兵马俑中将士不戴头盔的问题。至于他们为什么有"啤酒肚"，也和杀敌有关。

秦兵为了多立战功，多斩首级，在临战前往往都要喝很多酒，以刺激神经，保持高度的亢奋，以期尽可能多地杀死敌军。由于秦朝发动的是持久战，因此，长久下去，他们的腹部就都微微隆起了。

秦朝的军功授爵制度，完备而细致，共有20个等级；爵位不同的人，待遇大相径庭。

没有爵位的人，填饱肚子都比较困难。

二级爵位的人，被称为"上造"，能得到一斗粗糙的米，一盘简单的菜羹，二十二分之一升的食盐。

三级爵位的人，被称为"簪袅"，能得到一斗精纯的米，一盘丰富的菜羹，半升酱，半石干草。

爵位越高，俸禄也越高，饮食上也更好。

这样的军功授爵制度，激励着秦兵奋不顾身地杀敌，还因此出现了抢夺死者首级的现象。

秦国一统天下后，爵位制度更加成熟了。这在兵马俑一号坑中就有所体现。

穿着便装、扎着锥形发髻的弩兵，是一级爵位。

戴着圆帽，或者披着铠甲、束着辫子的步兵，是二级爵位。

驾驭战车的御手，是七八级爵位。

御手的爵位为什么高呢？

原因是，战车造价昂贵，御手必须拼死保护战车，只要人在，车就不能丢，因此爵位就相当高。

御手的头上，戴着板状牛皮帽，铠甲极为精致，上面还编有独特的花结。

这种花结，就是现代军队中肩章的前身，用于表明军衔。

1979年4月9日，叶剑英元帅曾来到兵马俑发掘现场。他说："我们在秦代就有了军衔，看来没有军衔是不行的。"1988年8月1日，中国人民解放军正式恢复军衔制度。

有一个现象很奇怪。那就是，在兵马俑坑中，没有更高爵位的指挥官。这意味着，他们没有任意调遣军队的权

▲神情微妙的秦俑

力。这是为什么呢？

这是因为这个至高无上的权力，只掌握在一个人的手上，那就是秦始皇。

> **扩展阅读**
>
> 西安的阿房村南，有一高约20米的土台，附近还有约26万平方米的夯土，蜿蜒连绵。这两处遗迹就是秦朝阿房官遗迹。前殿可坐万人，南北长116.5米，东西长693米，总面积8.07万平方米，足见秦朝的气势。

◎一座被政治化的山

秦始皇统一天下后，带领文武百官东巡，想要到泰山去。

到了齐鲁大地，他很开心，召集了70多名儒生，齐聚泰山脚下。

泰山被视为"天下第一山"，秦始皇想要泰山封禅，特意与儒生们商量如何封禅。

什么是封禅呢？

封禅，就是统治者举行的一种祭祀天地的礼仪，在新石器时代就有了。先民们因对大自然的认识极为有限，无法解释众多的自然现象，尤其在天灾面前，茫然而束手无策。他们便对日月山川、风雨雷电等现象，产生了敬畏之情。为此，他们发明了筑坛祭祀的活动，以便祈福天地，造福苍生。起初，他们只是在荒郊野外简单地祭祀一下，后来，就逐步发展成对名山大川的祭祀，场面浩大。而泰

▶笼罩在云层中的泰山

山巍峨高耸，神圣至极，因此，他们便到泰山祭祀。帝王们为了巩固统治，使民众相信自己的君权是上天授予的，便也到泰山封禅。封禅还包含另一层意思：协调天、地、神、人之间的关系，以便内外和谐、统一。泰山本是一座自然山体，现在则被政治化了。

封禅是一种特别盛大的政治活动。可是，关于封禅的礼仪，并无人知道。秦始皇也不知道。他把希望寄托在儒生身上，希望他们能给他答案。

岂料，儒生们更是茫然。他们叽叽喳喳地说了半天，五花八门，皆无定论。有的儒生在失望中，干脆说："没有任何规制可以参考，不如别封禅了。"

秦始皇气得半死。他封禅的目的，就是为了向天下宣扬自己，怎么能罢了呢？

他被闹腾得不耐烦，把儒生们都一股脑地打发走了。

然后，他自己拿主意，自作主张，借用原来秦国的祭祀礼仪，来祭祀泰山。

他派人修了山路，沿着泰山的南面，一步步费尽辛苦地登了上去。在山上，他命人在一块石头上刻下147个字，为自己歌功颂德。石头有4面，对他的颂辞，就刻了3面。

就这样，他总算完成了泰山封禅，心满意足地回宫去了。

在秦始皇以后，很多皇帝都纷纷仿效，对泰山进行封禅，以显示自己的文治武功。

汉朝时，在一个4月间，汉武帝在东巡后，也惦记着去泰山。

大臣们表示反对，他不听，执意要去。

他先是举行了祀礼，建了封坛，然后，不管其他人，自己就先登泰山去了。他在山上行了登封礼，第二天，又下山。遭逢大雨，雨滴刷刷地落在树林中，山路湿滑，荆棘丛生，藤蔓缠绕，他寸步难行，就猫在树下避雨。

▲神奇的沧源崖画

等到雨停后，他狼狈地下了山，浑身泥水，脏兮兮的，破破烂烂的。

不过，好在完成了封禅，文武百官假装看不见，高声齐呼，向他庆贺。

汉武帝是个精神积极乐观的人，封禅让他吃了点儿苦头。但他乐此不疲，好像上了瘾，在一生中，他竟然先后6次跑到泰山，举行封禅仪式。

汉武帝在封禅泰山时，司马迁的父亲司马谈恰好得了病，没能跟随汉武帝前往。他很难过。由于封禅的意义特殊而重大，他把这视为他毕生的遗憾。他临死前，还对此事念念不忘。他拉着司马迁的手，悲戚地说："皇上去封泰山，我却失去了随同前去的机会，实在太遗憾了，这就是我的命啊！"

到了东汉时，东汉的开国皇帝光武帝，也带领文武大臣去泰山封禅。

他派了1 500多人去修路，又派了3 000多骑兵去登封台，垒上方石。他自己也郑重地做准备，开始斋戒，不吃荤，不近女色。7日后，他来到泰山脚下的东南方，举行了祭天礼。

然后，他开始登山。他嫌累，不愿意走，乘着辇车上去。来到山顶后，他又休息了一阵子，逛足了之后，才换上衣服行封禅礼。

封禅一代代延续下去，到了唐朝时，泰山作为一处自然遗迹，迎来了它最辉煌的时期。

公元665年12月，武则天掌权，她以宣扬大唐声威为名，催促唐高宗泰山封禅。其实，她的主要目的，是为了巩固她的政治地位。

封禅队伍从洛阳出发，浩浩荡荡，绵延几百里，扬起的尘土弥漫天地。队伍中，穹庐毡帐、车马骆驼、牛群羊群，铺天盖地，造成沿途道路阻塞。随行人员中，还包括倭国、突厥、波斯、昆仑、天竺、新罗、百济、高句丽等国的酋长。他们跟随队伍一起前往泰山，一路上叽里呱啦，说着谁也不懂的各国语言。

这是历史上最为盛大的一次封禅。更值得一提的是，这次封禅打破了惯例，容纳了大量女官和仆从的参与。

武则天力主此次封禅，还有一个阴险的目的。她想趁着混乱，铲除她的外甥女——魏国夫人。

武则天在宫中站稳脚跟之后，把她的亲姐姐也带入宫中，得到唐高宗的宠幸。韩国夫人死后，武则天又把她的外甥女带入宫中，也得到了唐高宗的宠幸，封为魏国夫人。魏国夫人是个少女，娇媚青春，非常受唐高宗的宠爱。武则天想利用外甥女控制住唐高宗，以便获取更大的权力，谁知事与愿违，唐高宗爱上魏国夫人了，想给魏国夫人一个内命妇名号，正式纳她为"嫔"。

"魏国夫人"这个名号，属于外命妇，不是法定的皇帝的妃子。也就是说，唐高宗与魏国夫人的关系属于私下里

◀生动的贺兰山岩画

的非法关系。但内命妇就不一样了，这是一个正式的名号，属于嫔妃一类的。内命妇又简称"内职"，意思是皇帝的合法妻妾。

这样一来，武则天就不安了。因为外甥女进入后宫后，极有可能脱离她的控制，与她分势，她的利益就会受到威胁。于是，她决定借封禅泰山之机，杀掉外甥女，以绝后患。

▶跳青蛙舞的花山岩画

为杀死魏国夫人，武则天早有预谋。她特意安排她同父异母的哥哥一同前往。在唐朝，封禅时有一个习俗，就是百官要向帝后敬献食物。武则天得到食物后，便分出一部分，放入毒药，然后，让她哥哥端上有毒的食物，去献给魏国夫人。魏国夫人很单纯，毫无察觉，高兴地吃下了，当即就断了气。

唐高宗压根不知道，置身在封禅的热闹气氛中，什么也没顾得上。

此次封禅，让武则天铲除了异己，又宣扬了自己的权力。

等到唐玄宗时，泰山依旧是一处天下瞩目的自然遗迹。唐玄宗不仅东去泰山封禅，而且，还别出心裁地封泰山神为"天齐王",礼秩加三公一等。

宋朝时,宋真宗也去了泰山。他比唐玄宗更认真,不仅封泰山神为"天齐仁圣帝",还封泰山女神为"天仙玉女碧霞元君"。

宋真宗是最后一个泰山封禅的帝王,在他之后,历代帝王对泰山的狂热减退了。偶然来到泰山,只是象征性地举行一下祭祀仪式,聊胜于无。

尽管如此,直至今日,泰山因为充满了人文底蕴,依旧是首屈一指的自然遗迹。

扩展阅读

沧源崖画是中国最古老的崖画之一。3 000多年前,古人用牛血、石铁矿粉制成颜料绘画。颜料与日光、湿气等反应后,清晨为红色,中午为浅红色,傍晚为深紫色。

◎悬挂在峭壁上的道路

秦朝末年,起义军迭起,试图推翻秦朝。

秦朝的首都,是咸阳。项羽与刘邦各带领一支起义军,从两条道路上,进攻咸阳。

项羽在巨鹿时,被秦军主力拦截住,发生了鏖战。

刘邦所走的那条路,没有碰到强有力的拦截,所以,他运气好,抢先占领了咸阳,一举推翻了秦朝。

刘邦与项羽,虽然都是起义军首领,但是,他们各自都有野心,都想称帝。所以,彼此都虎视眈眈,时刻想吞并对方。

刘邦占据咸阳后,便闭关据守,不让项羽入关。

▶窄仄的古栈道

项羽突破拦截，径直而来。项羽勇武，有天下难挡之才。刘邦抵挡不住，只好被迫退出咸阳，退到了偏远的汉中和巴蜀地区。

项羽自称为西楚霸王，封刘邦为汉王。他派军队扼守关中，防备刘邦再次进入关中。

刘邦只有10万人左右，而项羽拥兵40万。面对如此强大的对手，刘邦很无奈。他只得垂头丧气地退往汉中。

汉中北倚秦岭，南靠大巴山，到处是悬崖峭壁，深谷幽涧，路途十分险要。沿途还要经过许多高而窄的栈道。

所谓栈道，就是在沿着悬崖陡壁建造起来的道路。栈道又叫复道，也称栈阁之道。修建栈道，极为艰难，要在悬崖峭壁上开凿棱形的孔，把石柱或木桩插进孔里，然后，将石板或木板铺在石柱或木桩上面，供人或车马通行。栈道的木板，暴露在风雨中，容易腐朽。所以，栈道上还建有顶棚，叫廊亭，也叫房亭。这就是阁或栈阁。栈道中，有的地段，还因地制宜，在石崖上凿台阶，形成梯子崖，供上下攀援。有的地段，还在半山腰开凿隧道，或者半隧道。

总之，栈道多建在高山峡谷处，下面是深不见底的深渊。刘邦的军队在走栈道时，万般艰辛。

栈道依托一边的山壁，悬在半空，将士们走在上面，大有腾云驾雾的感觉。个个胆战心惊，惊恐至极。尤其是还有马匹、车辆等，也要通过栈道。马很容易受惊，而车辆又很沉重，每挪动一步，都艰难万分。

刘邦心中郁闷，当全部兵马都走过来之后，他这才松了一口气。

刘邦的谋臣张良，告诉刘邦，栈道不宜留存，为了打消项羽的戒备，表示汉军永远不会离开汉中，跟他争抢权势，应该把这些栈道全部烧毁。

刘邦也觉得需要养精蓄锐，赞同张良的建议。于是，

▼《蜀栈连云图》中，栈道高而险

他下令，烧毁栈道。

熊熊大火沿着悬崖冲天而起，烧断的木头纷纷坠下深渊，火焰飘落在半空，十分奇异。

这些悬挂在悬崖上的道路，这些渗透着古人才智和技术的栈道，毁于一旦。

刘邦烧毁栈道，只是做样子给项羽看。实际上，他无时无刻不想着进入关中，消灭项羽，一统天下，只是实力有限，暂且忍耐。背地里，他每天都在训练军队，扩充兵马；同时，养精蓄锐，勤于治理，任用了大量有能力的人，虚心听取部下的建议。

刘邦的势力逐渐强大起来。

此时的项羽，前景并不乐观。

项羽进入咸阳后，大肆烧杀掠取，还封了18个诸侯王。而各诸侯因分封不合理，都对项羽产生了强烈的不满情绪。加之，他的种种做法违背了百姓渴望安定统一的愿望，使得他失去了支持。有人开始公然起兵造反了。

刘邦得知这个情况之后，决定利用这个机会，离开汉中，去攻打项羽。

出兵时，是否还要走栈道呢？

刘邦与谋臣们仔细商议。

大将韩信掷地有声地说："明修栈道，暗度陈仓。"

意思是，派人大张旗鼓地重修栈道，表现出自己想出兵的样子；暗地里,却率领大军走陈仓之道,从陈仓进军。

陈仓,是一个古县名,在今陕西宝鸡之东。它是汉中通往咸阳的交通要道,也是兵家的必争之地。

刘邦认为韩信的计谋,非常之好,马上采纳。他动用了1万人,掏出大量的经费,去休整栈道,做得像模像样。他还扬言,要在一个月内修好栈道。

项羽得到了这个军情,信以为真,完全被蒙蔽住了。他的部下、守护关中的大将章邯,也信以为真。

章邯哈哈大笑,说刘邦着实可笑,栈道长达500里,他要到哪年哪月才能修好?

然而,章邯万万没想到,不久之后,刘邦的精锐部队突然通过偏僻的小路,神不知鬼不觉地逼近了陈仓,对陈仓发起了猛烈攻击。

章邯一点儿防备都没有,仓皇万状,等他仓促中领兵阻击时,为时已晚。

章邯扎扎实实地吃了败仗,把军队撤到了废丘。

刘邦乘胜前进,一路上马不停蹄,把章邯的军队围困在废丘。

章邯坚守城池,拒不投降。

刘邦一时难以攻下废丘。韩信便又向刘邦献上一个计谋:水淹城池。

刘邦采用了这个计谋,终于攻下了废丘。章邯情知大势已去,拔出剑来自杀了。

依靠"明修栈道,暗度陈仓"的计谋,刘邦顺利进军关中,站稳了脚跟。他稳扎稳打,步步为营,攻取了项羽大片领地,势力也大大增强,最终打败了项羽,创建了汉朝。

在刘邦开辟汉朝的过程中,栈道无形中帮了他的大忙。

栈道,在战国时期就已出现。秦国为了统一天下,想把势力延伸到巴蜀,便在通往蜀地的途中,修建了长达1 000

多里的栈道。栈道一修成，秦军的势力瞬间扩张，其他诸侯国闻之色变。

到刘邦开辟汉朝后，通往巴蜀的栈道，又增多了。嘉陵故道、褒斜道、谠洛道、子午道，是4条著名的栈道。其中，褒斜道全长250多公里，宽3～5米，比起刘邦当年过栈道时的路况，好了许多。

在古代，栈道是军事运输的重要之路，也是重要的商道，重要的民道。

在今天，栈道依旧悬挂在边远的峭壁上，仍有一些商旅走过，一些村民走过。它仿佛一首曲仄的歌，委婉地表述着沧桑的历史。

扩展阅读

洛阳为东汉、曹魏、西晋、北魏4朝都城，历经330多年。北魏末年消失于战乱，成为废墟。遗址中残留着灵台，即东汉最大的国家天文台，张衡曾用它观测天象。

◎ 古时候的树叶

蜿蜒的浏阳河，波光潋滟。西岸，是一个叫马王堆的小山坡。在山坡下，长沙驻军辛苦地建造着地下医院。

施工特别不顺利，显得很诡异，总会出现无缘无故的塌方。大家觉得奇怪。有人感觉此处阴森森的，用钢钎钻探，不仅没钻出泥土，竟然钻出了白气——一股气体从钻孔里冒了出来，呛得他直咳嗽。

怎么回事？大家面面相觑。

一人用火去触及那气体，呼啦一下，竟燃起了一道蓝色的火焰。

工程队感觉无法再继续施工了，把情况报告上去。考古学家听说后，立刻断定，地下有墓葬。

正式的发掘，很快开始了。

没挖多久，一个盗洞露了出来。显然，盗墓贼早就来过了。

尽管如此，还是要挖下去的，以免遗漏掉任何历史信息。

◀升天与亡灵不散是古人的向往，图为飘纱的幻境

盗洞幽深，一直向下延伸。到了地下17米的地方，盗洞蓦地消失了。考古队员欢呼起来，看来，盗墓者没有进入墓中，半途而废了。

是什么原因使盗墓者放弃了偷盗呢？众人百思不得其解。

正在这个时候，有人挖到了一种奇怪的泥土。土很细腻，黏糊糊的。

这是白膏泥，学名微晶高岭土。它具有很强的防腐效果，古人常用它保护墓葬。它的出现，意味着距离墓室很近了。

发掘越发有劲儿了。忽然，有了一个意外发现。在白膏泥中，竟然挖出了树叶，树叶还是绿色的。

这是古代的树叶吗？

没人能够相信，古时候的树叶还能保存得这么鲜绿完好？可是，眼前的事实，又让他们不得不相信。

随后，他们竟然又在填土中发现了树枝和竹筐。树枝是翠绿色的，竹筐是黄绿色的。那美丽的叶片，鲜艳的颜色，让人大为惊讶。

这些树叶，都是古时候的树叶。它们虽然脱离了树干，但因为埋藏于地下，把生命延长了2 000多年。

整个墓葬，形似一个大漏斗，深20米。

墓底，赫然摆放着4米多长的椁室。这么巨大的椁室，是极为罕见的。大家小心翼翼地揭开椁板，见到椁室的中央放着一口巨大的棺材；在四边的边厢里，堆满了令人眼花缭乱的奇珍异宝。

在东面的边箱里，有个队员看到一个漆器。他下意识地把漆器的盖子打开，见里面装的是水，水面居然漂浮着一层藕片！

这简直太令人吃惊了！历经2 000多年，藕片竟然还能保存下来。

▲ "T"字形帛画，描绘了天上、人间、地下的场景

第三章 雄浑的秦汉遗迹

大家激动起来，小心地把漆器搬放到中间，给它拍照。

可是，就在这么短的时间里，藕片一暴露在空气中，立刻开始消失。眨眼的工夫，只剩下了几片。

大家憾恨不已，眼睁睁地盯着藕片，无奈地看它们完全消失在汤水中。

在叹息声中，他们又返回到棺椁旁边，开始打开棺椁。

棺椁一层又一层，一直打开了第四层，才终于看见了安放墓主人遗体的棺材。

棺盖上，庄严地覆盖着一块"T"字形的帛画，长达两米。画面分成上、中、下3个部分，分别描绘了天上、人间、地下的场景。

帛画，反映了一种传统习俗，用以为死者招魂，希望亡灵不会消散。这在考古史上，是第一次发现。

墓主人不知是男是女，这时，有人发现了一枚印章，上面刻着3个字——"妾辛追"。

它说明，墓主人的名字叫辛追。

辛追是谁呢？

据史料记载，辛追是轪侯利仓的夫人。利仓是汉朝的一个侯爵，是汉朝的开国功臣，在长沙国担任丞相。

墓主人的身份得到了确认。但是，大家并没有看见她的真颜。她的整个身子和头部，都被厚厚的丝织品裹着，而要揭开它们却并不那么容易。

大家整整花费了一个星期的时间，才完全揭开了她身上的包裹物。

辛追的身上，一共裹了20层衣物。有丝绸和麻织品；四季的衣服一应俱全。

当她露面的一刻，是非常惊人的。她就像还活着，皮肤还在，是淡黄色的，有弹性；部分关节还能够活动。她根本不像是一具古尸，她仿佛没有死去。

▲《引路菩萨图》中，菩萨正在引导逝去的凡人升天

在给尸体注射防腐剂的时候，她的软组织，还鼓了起来，又扩散开去。这种现象，与新鲜的躯体简直没有什么区别。

沉睡了2 000多年，她的结缔组织、肌肉组织、软骨等细微结构，竟然也保存较好。

这不能不说是人类历史上的一大奇迹。

那么，辛追是怎么死的呢？

经过病理检验，确定：她生前患有多种疾病，有冠心病、多发性胆石症、全身性动脉粥样硬化症、血吸虫病等。

在进行病理解剖时，发现：她的肠道中，还有甜瓜籽。

辛追的死亡之谜就此解开了。原来，她是食用了甜瓜，引起了多种并发症，从而导致了心绞痛而死去的。

辛追的发现，在科学史上，也具有重要意义。她为研究尸体的保存提供了重要参考，为古组织学、古病理学、古代疾病史、医学发展史，提供了鲜活的资料。

那么，辛追的尸体，为什么会保存得如此完好呢？

出土时，她的脸上，盖着酱色的锦帕，两臂和两脚被丝带缠绕着；整个身体浸泡在大约80公升的液体里，液体无色透明，遇到空气后，变成了棕黄色。莫非，她的身体能够完好保存，是因为使用了这种液体？这是防腐剂吗？

通过检验，液体中含有乙醇等酸性液体。有人据此推断，汉朝人用了酒精防腐，但招来很多反对声。

有人认为，是在尸体上盛放了冰块，冰块融化后，形成了液体。

第三章 雄浑的秦汉遗迹

有人认为，尸体用了香汤沐浴，液体留了下来。

有人认为，液体是尸体自身流出的水分，因为尸体重量比原先轻了一半。但是，尸体的重量是40公斤，而棺液也达到了40公斤。尸水的重量不可能跟尸体的重量一模一样。因此，这个推测也很难成立。

液体越加神秘了。汉朝终究用的是什么液体呢？至今，仍是一个未解之谜。

马王堆墓中，出土的文物既多又特殊。仅是精致而华丽的漆器，就有500多件。

还有大量的丝织品。有一件素纱蝉衣，长1.28米，薄如蝉翼，重量居然不到1两。偌大的衣袍，还可以小小地握在手里，足见汉朝的缫纺技术已经相当先进。

大批帛书的出土，至为珍贵。它们涉及古代医学、古代哲学、历史、科学等诸多方面。

有一部古籍，为《五十二病方》。内有280多个方子，240多种药物。

这是历史上最早的方剂记载，对研究古代医学具有重要的价值。

在马王堆汉墓中，还出土了地图，绘制技术及其所标示的位置，与现代地图非常相近。地图被认为是世界上的"惊人的发现"。

扩展阅读

河姆渡遗址显示，7 000多年前的原始人，已经懂得盖房子了。他们以桩木架空房屋，房屋采用了榫卯技术，为干栏式木构建筑。这是对原始巢居的直接继承和发展。

◎ 奇怪的裸体俑

在陕西咸阳的渭城,有一座王陵遗址,叫阳陵。它是汉景帝刘启和皇后王氏的合葬墓。

盗墓者早就发现了它,光顾了它,把它里面的金银财宝,席卷一空。乱七八糟的墓室内,只留下一些盗墓贼认为不值钱的东西——陶俑。

泥土中,到处散落着陶俑头。陶俑头的附近,还横七竖八地乱放着陶制的肢体,数量众多。

考古学家把陶俑精心地保存起来,清洗干净,细致地修补。

在将陶俑支离破碎的躯体重新组合后,"他们"的面目就很清晰了。他们的皮肤,都涂着橙红色的颜料;他们很矮小,身高只有大约60厘米,还不到真人的1/3大小;他们的身体雕刻得细致入微,几乎所有的器官都被完整无缺地刻画出来了,包括肚脐眼,包括生殖器,都惟妙惟肖,纤毫毕现。

▶每个器官都刻画精细的汉俑

只是，很奇怪，这些陶俑都是赤身裸体，一丝不挂。为什么会这样呢？

在这之前，没有发现过裸体俑。以往出土的陶俑，身上都雕刻着衣服。那么，这些陶俑为什么要光着身子呢？

考古队带着疑惑，又对其他葬坑进行了发掘。

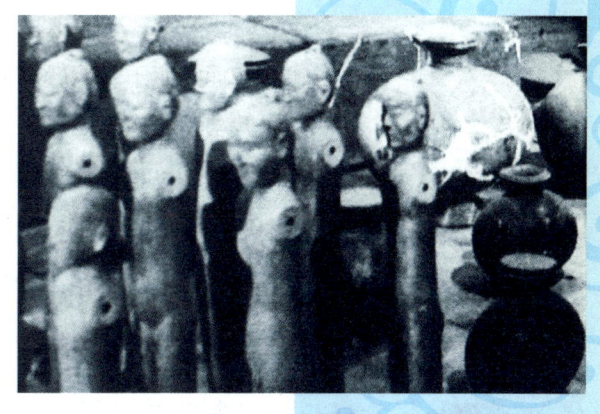

在一个从葬坑里，考古队有了重要发现。

在黑乎乎的墓中，静静地伫立着几百个武士陶俑。"他们"保存完好，排着整齐而有序的队伍。他们代表着汉朝的军士。与裸体陶俑相同的是，他们也都塑造得极为精巧细致，每个器官都很健全；与裸体陶俑不同的是，他们中的一部分，身体上还残留着铠甲，有的还能较为清晰地看见衣服的痕迹。

▲断臂的汉俑和陶器

▲随葬的女子骑兵俑

裸体陶俑的谜底便被揭开了——原来，所有的陶俑，起先都是穿着衣服的；不仅有昂贵的丝绸衣服，也有普通的麻布衣服；只是，由于时间久远，这些衣服全都腐烂了，消失了，因此，陶俑就变成赤身裸体的了。

但还有一个难解的怪现象，那就是，陶俑都没有双臂！

所有的陶俑，仿佛都是残疾，只在胳膊的位置，有圆形的孔。那么，他们的手臂哪里去了？他们原来就没有手臂吗？

随着发掘的深入，这个问题的答案也被找到了。

▲ 丑陋的女兵俑

▲ 相貌粗糙的女兵俑

原来，陶俑不是一次整体成型的。工匠们先是制作了陶俑的躯干，然后再给他们安装上木质的手臂；手臂可以转动，可以抬起、放下，肩膀处的圆孔，就是用来安装手臂的。只是，在经历了2 000多年后，木质的手臂也腐烂掉了。因而，陶俑便成了断臂的"东方维纳斯"。

有一些骑兵陶俑，模样非常怪异，双腿大大地分开，不知在干什么。之所以是这副模样，其实也是因为，骑兵俑在制作时，都骑着战马，而这些精雕细琢的战马也是木头制作的。所以，当战马腐朽消失后，骑兵失去了坐骑，双腿还弯着，就成了这种奇怪的模样。

也就是说，每一个陶俑，在被埋入地下的时候，都穿着艳丽的衣服，披着威武的铠甲，手握着铁制的微型兵器。在下葬的一刻，他们组成的是一支流光溢彩的队伍。

在这支武士队伍中，不但有男性，还有一些女子，有的女子甚至还是骑兵。这些女子都很秀美，身材也比较匀称。不过，有几个却是不折不扣的丑八怪，颧骨高耸，相貌奇特，丑陋不堪。

为什么要特意制作长相难看的女骑兵呢？

这是真实再现历史的结果。汉景帝时期，国家军队中，主力是由中原人组成的，但也吸收了一些少数民族将士，而这些相貌奇丑的女子就来自偏远的少数民族。

在汉朝，陪葬陶俑不是一般人所能拥有的。它属于最高等级规格的随葬品，唯有皇帝才能享有。因此，这些被盗墓贼鄙弃的陶俑，其实价值连城，是解读历史的无价之宝。

这些武士俑，表情自然、安详、宁静，神态生动活泼，看不到战争的阴影，反倒散发出更多的轻松自在，远没有秦兵马俑那么紧张、严肃、威猛。

汉武士俑与秦兵马俑，是两个不同时代的产物，反映了不同的社会风貌。汉景帝时，国家安定，武士俑即体现出安逸与祥和；秦始皇时，战争频发，兵马俑便体现出霸气与豪气。

在汉景帝陵寝附近，还有大量的附属墓葬。它们呈放射状，分布在主墓附近，达90座之多。如此数量众多的附属墓葬群，令人叹为观止。

附属墓葬群中，出土了许多珍贵文物。其中，有两个太监陶俑。

这是中国最早的太监形象。太监的出现，是因为皇宫里嫔妃众多，而又需要男性来处理一些事务，为了防止奸淫事件，确保皇家血统的纯正，这些男性便被人为地割掉了生殖器。在皇宫里面，只有皇帝才是唯一健全的男人。

太监陶俑也是裸体的。汉朝的工匠极为细心，他们制造的太监，没有阴囊。他们力图还原真实，所以，一丝一毫也不疏忽。

汉朝立国后，前几位皇帝都很有作为。他们励精图治，吸取秦朝灭亡的教训，施以仁政，减轻了百姓的徭役和赋税，使百姓安居乐业，国家富强起来。这一点，从葬坑中有生动的体现。

从葬坑，相当于皇帝的仓库。仅在其中的一个坑里，就发现了90多个彩绘的陶制库房；每一个库，高一米多，

◀阵容庞大的地下陶猪群

里面装满了各色食物，食物全都是面加工成的；库中还有各色彩绘家畜，有231只陶山羊、456只陶狗、33只陶绵羊，还有密密麻麻的小猪、鸡。动物异常逼真，它们的中间，还站着饲养员。

显然，从葬坑就是一个活生生的地下生活用品库。从宏观角度看，它显得井然有序，分门别类地摆放着食物：一层放羊肉，一层放猪肉，一层放狗肉；每一层都精美、整齐，真实地再现汉景帝时期的宫廷生活状况。

{ 扩展阅读 }

安徽的凌家滩遗址，是新石器时代遗存。遗址中有红陶块，厚1.5米，由800~1000℃的高温烧制而成。红陶块历经几十万年，坚硬无比，很难摔碎，堪称现代砖的鼻祖。

◎洞墓里的地宫

这是5月的一天,一支工程队正在河北满城开凿隧道。这是军方工程队,他们在陵山的主峰东坡开凿。当隧道凿到十几米深的时候,他们装上炸药,对其进行爆破。

随着"轰"的一声巨响,坚硬的石层被炸开了。他们走进了隧道,准备清理碎石。然而,让他们惊异而恐怖的是,被炸下来的碎石,很多都失踪了。

石头怎么会无缘无故地消失呢?它们自己会行走吗?它们去了哪里呢?

在瞠目结舌的一刻过后,众人的理智战胜了猜想。他们判断,碎石一定还在隧道内。于是,他们开始了仔细勘察。

终于,有人发现了玄机,在实施爆破的地方,有一个隐秘的山洞。由于光线幽暗,洞内黑漆漆的,很难被发现,碎石应该是滚落到洞里了。

众人凑过去,进一步观察,看到山洞的岩壁上,竟然寸草不生。显然,这是一个人工凿出的洞。这个洞看起来有些不寻常,它经过了精心的掩饰。那么,这是什么洞呢?

众人不敢再贸然开工,停了下来,把这一情况报告给上级。没过多久,一支考古队便来了。

考古人员爬到洞中进行探测,确定这是一处以山洞为掩饰的古墓。

一场轰轰烈烈的发掘,也随之开始了。

不久,一个别有洞天的世界便出现了。在山洞里面,掩藏着一座金碧辉煌的地宫。陪葬物中,有16匹骏马、4辆车。有一辆车,意义非凡——它是安车。

安车极为豪华,享用安车的人,身份极为高贵,除了

▼好玩的当户灯

▼反映中山靖王奢侈生活的壁画

皇帝和诸侯王，就只有退居二线的重臣才允许使用。由此可见，墓主人的身份，最低也该是一位重臣。但他究竟是谁，考古队员左思右想，也没推测出来。

这时，有人在青铜器上有了新发现。一件铜器上，刻着铭文，有"中山府"和"中山内府"的字样。

队员们很高兴，铭文显示了，墓主人应当是汉朝中山国的一个诸侯王。

可是，在西汉的中山国中，先后有10个诸侯王，这个洞墓的主人是他们当中的哪一位呢？

队员们为寻找答案，继续研究刻在其他器物上的铭文。在繁多的铭文中，他们注意到，有不少都标有纪年，分别是32年、34年、36年、39年。

根据这些纪年推测，墓主人的在位时间，达到或超过了39年。

那么，在中山国的10个诸侯王中，哪一个人的在位时间，在公元39年左右呢？

答案很快找到了。据《史记》和《汉书》记载，中山国的诸侯王中，在位时间最长的人，只有一个，此人在位时间超过30年。他就是第一代中山靖王刘胜。刘胜，是汉景帝之子，在位时间达42年之久。

虽然做出了如此推测，但要想确凿地确定墓主人的身份，还要找到墓主人的棺椁。

棺椁在哪里呢？

第三章 雄浑的秦汉遗迹

按照汉朝墓葬形制，地宫中应有一个后室，专门用来安放棺椁。可是，洞墓中并不见后室，只有黛青色的石壁。

不可能呀，队员们思忖着，仔细地在石壁上搜寻线索。

功夫不负有心人，他们在石壁上有了意外发现。那里有一扇伪装得很巧妙的门，门的颜色与石壁颜色一模一样，如果不仔细辨别，很难看出来。

队员们打开石门。随着2 000多年前的尘埃轻轻飘落，一个隐秘的墓室赫然出现在眼前。

只见一个汉白玉棺床上，摆放着一个棺椁。由于年代久远，棺椁已经腐朽了。

队员们小心翼翼地清理棺椁。他们一点点地拨开腐烂的堆积物，却骤然惊呆了，下面没有遗骸，是空的！

不过，他们也随之有了一个惊天动地的发现。那是一件足以震惊世界的宝物——金缕玉衣。

在此之前，金缕玉衣似乎只是一种传说。它只被神秘地记载在文献上，从来没有人目睹它的真面目。古人认为，玉石冰凉润泽，可防止尸体腐烂，所以，他们常常在墓中放上玉器。有的是直接放在死者嘴里，有的是握在死者手心，有的是直接盖在死者身上。到了汉朝的时候，更加重视葬玉，汉朝人用玉片制成玉衣，穿在死者身上。当然，有资格享用玉衣的，只有皇帝和显要贵族。皇帝和显贵的

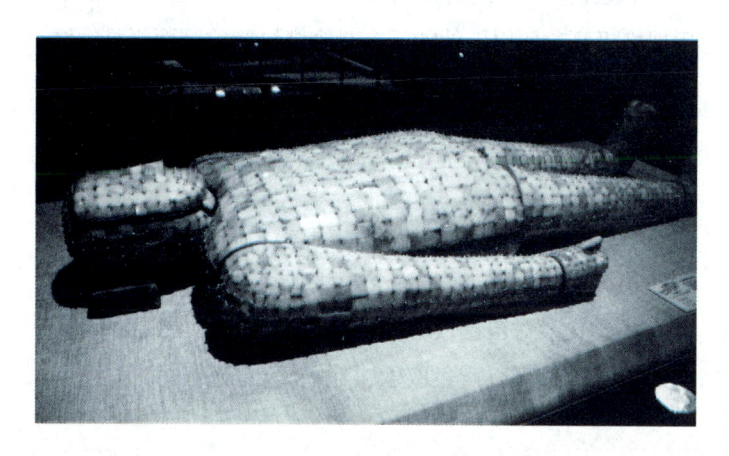

◀华贵的金缕玉衣

▶金缕玉衣由黄金丝线穿缀

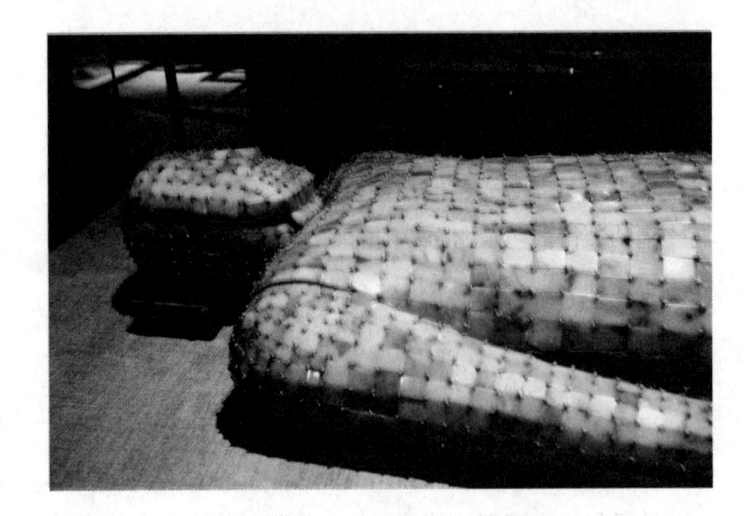

玉衣，还有严格的规定：皇帝的玉衣，用金缕穿连，叫金缕玉衣；诸侯王、公主的玉衣，用银缕穿连；贵族的玉衣，只能用铜缕穿连。玉衣随葬制度，是在汉朝末年被废除的，之后再也没有出现过。因而，金缕玉衣究竟是什么样子，2 000多年来始终是一个迷，没人目睹过它的华丽风采。

现在，这件沉睡了2 000多年的玉衣，浮现于世，解开了一个遥远的谜。

金缕玉衣是按照人体的形状制成的，不但有上衣和裤子，还有头套和手套；鞋子被做成靴子的样式。整件玉衣，就是一个完整的人形。

刘胜，虽然只是诸侯王，但作为汉景帝之子，他的享用规格极高。所以，他的玉衣是金缕缝制的，而不是银缕。

除了金缕玉衣，洞墓中，还有反映享乐生活的壁画。

刘胜为什么如此耽于享乐呢？这里面有着深刻的政治原因。

刘胜的父亲汉景帝，总是担心皇子们有野心，会威胁到他的统治，因此，想方设法地削弱刘胜等人的势力。刘胜为了让父亲对自己放心，以避杀身之祸，便做出毫无野心的样子，整天以声色取乐，他的妻妾众多，为他生下了

120多个子女。他还沉溺于歌舞，对政事从不过问，日日饮宴。

在洞墓的壁画上，就精心地绘制了不少乐伎，再现了刘胜当年奢华的娱乐场景。壁画上，有两个乐伎，似在吟唱，又似在开心地说笑，样子特别可爱。

刘胜的夜生活，也是豪华奢侈的。洞墓中的各式灯盏证明了这一点。

这些灯盏，样式奇特，有的是人形，有的是动物形。

有一个灯盏，是一只跪着的羊；把羊的背部打开，是一个盘子，这是灯盘；羊的腹内是空心的，用来盛灯油。设计真是先进、奇巧。

还有一个当户灯，是一个官吏半跪着，手执灯盏。"当户"，是北方匈奴的官名。当时，汉朝正与匈奴打仗，汉朝铸造了匈奴官吏卑微地拿着灯的形象，是象征汉朝与匈奴大战后取得的胜利。

还有一个长信宫灯。长信宫，是汉景帝的母亲窦太后居住的宫殿。长信宫灯本来是在宫中使用的，后来，窦太后把它赐给刘胜。这件灯具，堪称稀世珍宝。宫女托着灯盏，她手上的灯盘，可以自由转动，可以随意调整灯光照射的方向；灯罩可开可合，能调节灯光的亮度；宫女的右臂和身躯，都是空的，内部连通；燃烧烛火所产生的烟灰，通过她的右臂，进入她的体内，保证了空气的清新；灯座内，也是空心的，在里面盛上水后，吸入宫女体内的烟烬，便落入水中。这是一个设计科学的灯盏，很实用，很奇美，很时尚。

刘胜如此奢侈，陪葬品也丰富无比，竟然还有一些金针和银针。

它们不是普通的针，而是中医的传统医疗器具，是用于针灸的医针。针的数量和形状，与《黄帝内经》中记述的灸针差不多。

这是迄今发现的最早的金属医针。

在洞墓中的北耳室里，还有一套石磨，石磨旁躺着一具动物的骸骨。那是拉磨的牲口，它在地下为刘胜加工粮食。

随葬品居然细致到了这样的地步，几乎涵盖了刘胜生前的所有内容。

可是，无论多么奢靡，刘胜还是无法逃脱生老病死的规律。那么，刘胜是怎么死的呢？他是被汉景帝处死的，还是病死的，或老死的？

只有找到刘胜的尸骨，进行科学鉴定，才能得出答案。可是，他的尸骨在哪里呢？

考古队员们想了很久，仍不知所以然。

依照汉朝规制，在诸侯王的地宫附近，还应当有一座小一点儿的地宫，即诸侯王妃的地宫。考古队员们认为，在那里或许能找到与刘胜尸骨有关的线索。

▼美不胜收的帷幕状构件

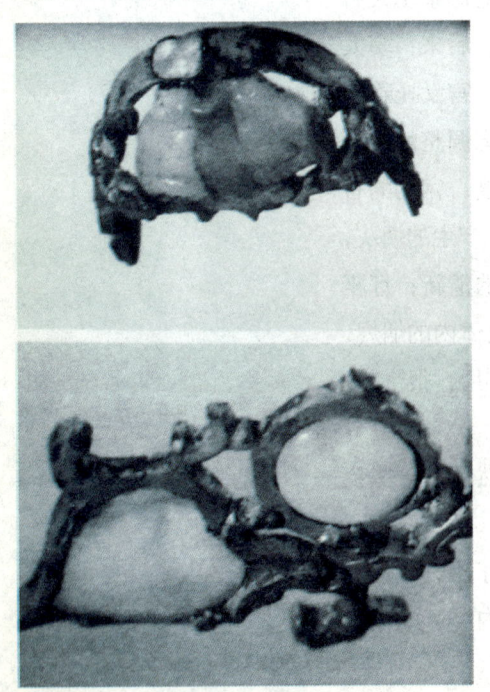

想到这里，考古队员开始去寻找王妃的地宫。他们在刘胜墓北100多米远的山崖上，找到了。

在这座地宫中，有一方铜印，清除污物后，可看出印文为"窦绾"。

史籍上记载，窦绾就是中山靖王刘胜的王妃。

在窦绾墓中，出现了一个"古代高压锅"。

它是一个熊足铜鼎，盖子上的4个方向，铸有4个小兽。这4个小兽，类似于旋钮，当鼎盖上后，把小兽翻转，使小兽的头，卡在鼎耳上，使内部被严密地封闭，然后，给鼎加热，内部就能产生很大的压力，快速地煮熟食物。

第三章 雄浑的秦汉遗迹

墓中还出现了一个意外的惊喜——窦绾的棺椁中,也有一件金缕玉衣。

窦绾的玉衣,用了大约700克金丝,2 160片岫玉,比刘胜的玉衣规制略低些;刘胜的玉衣,用了大约1 100克金丝,2 498片岫玉。

这两件玉衣,耗资巨大,相当于汉朝100户中等人家的全部财产。玉衣的制作,极为漫长,需要一个工匠花费10多年的时间;玉衣的设计,相当繁复,玉片的形状、大小,都要按照人体不同的部位来设计;玉衣的裁剪,更是复杂,就连手背、手上骨头的结构,甚至手指头之间的缝隙,都要表现出来。

若没有高超的技术,很难制作出玉衣。这说明,汉朝已经具备了许多领先世界的技术。

可是,令人讶异的是,窦绾的玉衣,也是扁扁的,里面也没有尸骨。

难道,两位墓主人的遗体都不翼而飞了吗?

当考古人员拆开封闭的玉衣后,这才得到了答案。

在刘胜的金缕玉衣中,散落着他的牙齿,牙的珐琅质的壳也还在;还残余着一些肋骨、脊椎骨、腿骨,及一些骨头残渣,呈枣红色,严重腐烂,无法提取。

原来,墓主人的遗体并未失踪,而是包裹在金缕玉衣中,只因年深日久都腐烂殆尽了。

▲设计科学的长信宫灯

扩展阅读

古代崖墓是具有科学性的遗迹:隐蔽性好,温度和湿度适宜;为防止雨水从石灰岩的缝隙中渗漏,崖墓中还有排水防潮系统,还有一些沟渠,沟渠中有渗水的井。

◎ 中国最著名的一条路

在秦岭终南山之北,有一条蜿蜒的古道。它宽0.1~2米,绵延2 000多里,沉默,寂静,无声。

这条路,便是古代丝绸之路。

它的历史,悠长久远,几乎每一处,都留存着历史遗迹。

这条路的开创,与张骞的一次西域之行有关。

汉武帝时期,西域有个大月氏国,国王被匈奴杀死,匈奴人还把国王的头颅制成酒器。大月氏人败走后,迁徙到天山北麓的伊犁河流域。后来,又遭到追杀,于是,又迁入大夏国。大月氏对匈奴极为憎恨,却因国力衰弱,无法实现复仇的愿望。汉武帝因为想联合大月氏,共同抗击匈奴,便决定派使者出使西域,与大月氏协商。

张骞以郎官的职位,前去应募。汉武帝见他高大,勇武,沉静,有智慧,名声好,便派他前往西域。张骞的确机智勇敢,善于待人处事,又富有冒险精神。

公元前139年,张骞率领100多人,由匈奴人甘父作为向导,从陇西出发了。

一路上,他们风餐露宿,历尽艰辛。他们试图避开匈奴人行路,但沙漠中飞沙走石,苍茫无路,他们茫然地摸索,竟然被匈奴人撞到了。

匈奴人将张骞一行扣押起来。匈奴人为了笼络张骞,让张骞为匈奴效力,还为他娶了妻子。张骞拒绝不得,被困在匈奴整整10年,还生了一个儿子。

张骞并没有丧失信念,他始终牢记着他的神圣使命,从未放弃去大月氏的愿望。他把旌节(古代使者所持的作为凭信的节)一直保留在身边。

一天晚上,张骞终于找到了出逃的机会。他趁着混乱,在夜色中，带领随从偷偷地逃离了。

虽然已经过去了10年，但他没有回头，而是继续向大漠腹心而行。他经过了车师国，进入了焉耆国，越过了龟兹国、疏勒国等，然后到达了大宛国。他又经过康居国，百般沧桑，万般辛苦，终于到达了大月氏国。

然而，时过境迁。此时的大月氏，与10年前的大月氏，已经完全不一样了。大月氏在与邻国大夏争夺地盘后，取得了胜利，征服了大夏。游牧生活结束了，转向了农业定居。安逸和平，大月氏人不想再去打仗。联合大月氏抗击匈奴的想法，化为了泡影。

张骞很无奈，他在大夏等地仔细考察了一年后，率领随从回国。

为了避开匈奴，张骞改走南边道路。他们翻过葱岭，沿着昆仑山北麓前行。没想到，他又遭遇了匈奴骑兵，又被抓获了，扣押起来。

一年后，匈奴发生内乱。张骞乘此机会，再度逃离，一路坎坷波折，总算回到了汉朝。

从出使西域开始，到最后回国，张骞前前后后共经历了13个年头。天山南北和中亚、西亚各地，都留下了他的足迹，他是遍历西域各国的第一个中原人。

张骞在大夏考察时，曾经看到四川邛山的竹杖和蜀地的细布，在那里出售。他当时很诧异，因为大夏距离蜀地遥远，这些东西是怎么来的呢？他向大夏人打听，说是从身毒（印度）买来的。身毒距离大夏几千里，大夏距离汉朝一万多里。身毒竟然有蜀地的产物，说明应该距离蜀地不远。因此，张骞建议汉武帝，可打通西南夷道，发展经济，拓展势力。

汉武帝大悦，问张骞如何设计路线。

张骞提议，从蜀地至身毒，至大夏，比较便捷，而且，沿途没有匈奴阻挠。

▼凌家滩出土的玛瑙钺

▲ 莹润的汉朝玉器1

▲ 与丝绸一样受欢迎的汉朝玉器

汉武帝采纳了，派人通西域。

然而，当汉朝使者上路后，虽然没有碰到匈奴人，却意外地碰到一个少数民族部落——昆明夷。使者被拦阻住，不准通行，只得原道折回。

张骞遗憾不已。

第二年，张骞又建议汉武帝，可联合乌孙，共同抗击匈奴。

汉武帝同意了，任命张骞为中郎将，带领300随从、600匹马、10 000头牛、羊，以及数以万计的金银财宝，开始了又一次的西域之行。

此次出使，张骞是轻车熟路。他先后来到乌孙、大宛、康居、大月氏、安息、身毒、于阗、扜弥等国，展开外交活动，受到热情款待。

他的足迹，不仅延伸到了中亚、西南亚，还到达了地中海沿岸的罗马、北非。

在乌孙，张骞劝说乌孙王与汉朝联合，抗击匈奴。乌孙王被匈奴吓破了胆，不敢答应。

张骞无奈，只得回国。乌孙王给张骞安排了向导，配备了翻译，另有几十名使者，一路护送张骞回国。

乌孙使者到了汉朝，朝见了汉武帝，盛况空前。

有史以来，这是西域人第一次出使中原。

张骞因为功勋卓著，被拜为大行令。

公元前114年，张骞去世了。消息传到西域，各国都纷纷派使者来到长安，追悼、示好。

此后，汉朝的使者往返于西域各国，都借用张骞的名义，得到了各国的信任和优待。

而张骞所走的这条通往西域的道路，也更加繁盛了。

19世纪70年代，这条路，被德国地理学家命名为"丝绸之路"。

张骞之后，丝绸之路又有了延伸。

公元73年，东汉时期，班超经营西域，在长达30年的时间里，班超派人出使罗马。虽然没能最终到达罗马，却到达了波斯湾。

班超成为第一个将丝绸之路延伸到欧洲的人。

公元166年，罗马派出使者，沿着丝绸之路，来到洛阳，交换丝织品，开了欧洲国家与中国直接交往的先河。

丝绸之路极为曲折、遥远。它翻越了陇山山脉，途经了河西走廊、玉门关、帕米尔高原，又穿越了中亚、西亚、北非，最终抵达了遥远的非洲、欧洲。

这是一条极为漫长的陆路，也是一条极为重要的商路，更是一条极为著名的道路，它还是一条东西方文化交流之路。

它是中国道路之冠，堪称"第一道路"、"首席道路"。

扩展阅读

安徽凌家滩发现"巨石阵"，距今有5 300~5 600年，早于英国巨石阵1000年左右。至于古人是如何开采数吨巨石并设置成阵，是未解之谜。它可能是古代天文台。

◎ 一人、一马、一段匈奴史

霍去病是汉朝名将卫青的外甥，他17岁时便开始跟随卫青作战，骑射惊人，智勇双全。

公元前123年，汉武帝让霍去病随同卫青前往大漠，抗击匈奴。

在漠南，霍去病雄心勃勃，用800人的兵力，歼灭了匈奴2 000多人。他大获全胜，被封为冠军侯。

两年后，霍去病被任命为骠骑将军，继续对匈奴作战。

这一年的春天和夏天，霍去病先后两次出兵，在河西一带，与匈奴展开惨烈的战斗。霍去病两次皆胜。不过，他也付出了血的代价。在第二次战役中，他率领的1万精兵只剩下3 000人，他自己也浑身是血，遍体鳞伤。

这两次战斗，让匈奴的浑邪王，大为惊惧。匈奴单于在听说浑邪王战败后，又甚为恼怒，打算惩处浑邪王。浑邪王很害怕，有心投降汉朝。休屠王也有这个意思，二人密议后，偷偷地向汉武帝表达了投降的意愿。

汉武帝半信半疑，派霍去病前去受降。

霍去病率军渡过黄河，接近匈奴部。

然而，浑邪王的内部，发生了哗变，一部分匈奴人拒绝投降，想要出击汉朝。

霍去病注意到哗变后，小小年纪，并不慌张。他不仅很镇定，而且做出了让人瞠目结舌的事——他只带着几名将士，就旋风一样进入了匈奴大营。

见到了浑邪王，霍去病神情威严，言辞铿锵，命令浑邪王立刻将哗变的军士杀死。

浑邪王噤然、呆滞。4万多匈奴人围着势单力薄的霍去病，居然不敢动弹。他们全被震慑住了，呆呆地看着，就好像听到了神话。

▲霍去病墓前的石刻

接着,哗变者被斩杀了,霍去病顺利受降了。

从此之后,河西一带被汉朝控制,通往西域的道路被彻底打通了。

公元前119年,又是一个春天,卫青和霍去病各率5万骑兵,横跨大漠,攻击匈奴。

霍去病打败了左贤王部,他并不满足,带领骑兵继续深入。

他孤军深入,一直打到了今天的蒙古国境内的狼居胥山。他登上了狼居胥山,祭天以告成功。

之后,他又马不停蹄地追杀匈奴军,打到了今天的俄罗斯的贝加尔湖。

这次战斗,霍去病在风沙飞扬中,长驱直入地追杀了2 000多里,消灭匈奴军7万多人,创造了军事史上的奇迹。他"封狼居胥"的豪情,也成为后世渴望建功立业者们的终极目标。

这一年,霍去病只有23岁。

霍去病善于灵活用兵,重视传统兵法,却不死搬硬套;且指挥果断,上阵勇猛,战无不胜。汉武帝对他的喜爱,到了溺爱的程度,将他提拔为大司马。

霍去病是奴隶出身,幼年受尽了苦难,身体状况很不好。长大后,他几乎连年征战,奔波劳碌,屡受战伤,落下了病患。公元前117年,霍去病死在了军中,年仅24岁。

霍去病的英年早逝,是汉朝的巨大损失。汉武帝异常悲痛,为他举行了隆重葬礼。

送葬的队伍,从长安到茂陵,沿途40公里,哀乐震天,旌旗蔽日。军队整齐地排列在道路两旁,为一代英雄送行;文武百官全部披麻戴孝,默默哀送。

这对一个武将来说,如此隆重的葬礼,是前所未有的。

霍去病曾在祁连山一带抗击匈奴。为了铭记他的不朽功勋,他的墓,被修成祁连山的样子。

▲汉朝翔鹭衔鱼纹铜鼓

在墓前，还排列着石刻。有"马踏匈奴"的主题石雕像，还有"伏虎"和"跃马"等石雕。其余的石雕，都围绕着"马踏匈奴"，作为烘托。

这些石雕，有的体现了艰苦的战斗环境，有的体现了搏杀的残酷激烈，有的体现了神勇的浴血英姿，是抗击匈奴史的生动注脚。

石刻运用了多种艺术手法。有的一整块石上，综合使用了线雕、圆雕和浮雕的表现手法；粗放浑厚、凝练而传神。

霍去病墓，作为一处历史遗迹，蕴含着丰富的人文信息。仅是一人、一马，就能揭示出一段匈奴史。

墓前列置的石刻，是世界上最早的陵墓石雕艺术珍品；对之后的陵墓石刻，产生了极为深远的影响。

扩展阅读

河南的二里头遗址，是夏朝都城遗址，世所瞩目。遗址中，有手工业作坊，如铸铜、制玉、制石、制骨、制陶等；遗址中出土的青铜器，是世界上最早的青铜器。

◎一个传说，一片遗迹

苍茫的伊犁草原，绵延在新疆大地上。传说，在4 000年间，这里出土了数量惊人的黄金，为了驮运，骆驼都累得走不动了。

在伊犁草原，先后有塞种、月氏、乌孙、鲜卑、柔然、突厥、蒙古等北方民族，在此游牧，在此栖居。在一个叫波马的地方，分布着大量的古墓群。

从秦汉到蒙元，有1 000多座古墓群。最大的古墓群中，就有100多座墓葬；最小的古墓群，也有10多座至几十座墓葬。这些古墓，呈链状排列，蔚为壮观。

在4年的时间内，考古队在这片遗迹上，共挖掘了1 000多座古墓，堪称中亚考古史之最。不过，此处出土的黄金及制品，却少之又少。

莫非，传说中的宝藏并不存在?

考古队不能肯定，但也无法否定，因为在发掘时，古墓都已被盗。

盗洞到处都是，一个连着一个，满目狼藉。在一个盗

◀庞大而沧桑的伊犁古墓群

▲ 出土的玫红嵌珠绢帛

洞中，考古队还意外地捡到了一枚戒指。这是一枚罕见的嵌着红宝石的黄金戒指。戒指的形状，像野兽的头，装饰着珠联纹；宝石戒面上，还有女神图案。

毫无疑问，这是盗墓贼无意间遗落的宝物。从中也可以想见，盗墓贼席卷了许多珍品，很多都价值连城。

对游牧民族的古墓结构，认识不足，也是找不到黄金的一个原因。出土的稀稀拉拉的黄金制品，都不是来自主墓，而是来自主墓之外的隐蔽地方。古代游牧民族也极其憎恨盗墓者，为了避免盗墓者的盗掘，他们将珍贵的黄金都埋藏在不易发现的地方。这些隐蔽的地方，被苏联考古学家称之为"隐穴"。

隐穴大都位于墓室的外面，与墓室隔着一层土块。在隐穴的地下，铺着均匀的圆形片石。即使盗墓者放大火焚烧，也束手无策。

为了保险起见，在制造隐穴时，还制造了一些假墓葬，以此来迷惑盗墓者。如此一来，盗墓者也感觉迷糊，不知真墓葬在何处。

盗墓者找不到真的墓葬，考古队也找不到。因此，虽然发掘了1 000多座古墓，可黄金的影子，依旧寥寥。

那么，在这片神秘的草原上，在这片广袤的遗迹上，谁是古墓的主人呢？

在汉朝时，乌孙国、月氏国、匈奴流连在敦煌-祁连一带。有一年，匈奴起兵攻打月氏，月氏大败，溃散而逃。月氏为了有落脚之地，他们又去攻打乌孙，占领了乌孙的领地。乌孙人又大败，溃散而逃。可是，他们往哪里逃呢？想来想去，跑来跑去，他们逃到了匈奴。匈奴为彻底撵跑月氏，收留了乌孙，扶植乌孙，帮助乌孙复了国。然后，他们一起去攻打月氏，月氏只得再次逃跑了。

月氏人一路流离，向西迁徙，一直来到伊犁河流域。那里，有一些塞种人居住。月氏为了抢占地盘，又攻打塞种人。塞种人难以抵挡，被迫迁徙，进入大夏境内。

时隔不久，匈奴和乌孙，又追杀过来，进攻月氏。月氏吓得够呛，也迁徙到了大夏。于是，乌孙人就占据了这片广袤的土地。

汉武帝打算与乌孙联合，共同抗击匈奴，因此，特派使者穿越沙漠，远涉乌孙。乌孙王听了，犹豫不决。

他不想答应，因为匈奴对乌孙有大恩在前，他不愿意恩将仇报。他左思右想，瞻前顾后，最终，拒绝了汉武帝的要求。

可是，另一方面，他依附于匈奴，又饱受屈辱，很受气，他不愿意永远过寄人篱下的日子，想依靠强大的汉朝给自己做后盾。于是，他又提出请求，要与汉朝联姻。

汉武帝雄才大略，立刻答应了乌孙王的请求，把细君公主下嫁到了遥远的伊犁草原。

匈奴得知后，忐忑不安，担心汉朝把乌孙完全拉拢过去，于是，也将匈奴公主下嫁给了乌孙王。

乌孙王犯了愁，哪一方他都不好得罪。他再次冥思苦想，把细君公主封为了右夫人，把匈奴公主封为了左夫人。在匈奴文化中，左为尊贵，可见，乌孙王对匈奴还是畏惧、顾忌的。

细君公主远嫁乌孙时，年仅10多岁，背井离乡，生活很不习惯，又要面对复杂多变的政治环境，生活凄凉愁苦。

细君创作了一首骚体《悲愁歌》，表达了孤独、忧伤之情，抒发了对故国的无比怀念。汉武帝看到这首歌后，唏

▼被盗墓贼遗落的戒指，上有女神图案

▼墓葬中饰有红宝石的金壶

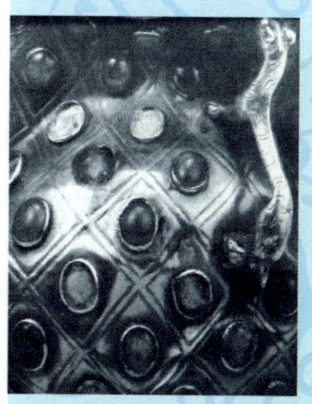

嘘不已，每隔一年，都要派人给细君公主送去很多宝物。

乌孙王业已年迈衰老，一日，他想将细君公主嫁给他的孙子。这种婚俗，在游牧民族中并不罕见。但细君公主是中原人，她无法接受，断然拒绝。她还写了一封信给汉武帝，请求武帝让她返回故国。

汉武帝一心想着要联合乌孙对抗匈奴，在国家利益面前，一个小女子的幸福显得微不足道。因此，汉武帝回信，让细君公主以国家为重，顺从乌孙的习俗。

细君公主万般无奈，含泪嫁给了乌孙王的孙子，在生下一个女儿后，抑郁而终。

细君公主在伊犁草原，一共生活了四五年时间，死后被葬在伊犁河谷。她的死讯传到朝廷，汉武帝派人前往乌孙，送去大量的陪葬物，实施厚葬。

细君公主在生前，就得到不少赏赐，死后又被厚葬，可知她的墓葬中一定有不计其数的黄金珍宝。但是，在那1 000多座伊犁古墓中，没有一座墓葬能够被确认为是她的墓葬，也没有一件黄金制品能够被确认为是她的陪葬物。

在墓葬中，只发现了一枚汉朝的五铢铜钱。这一枚铜钱，很小很小，却真实地昭示着几千年前那一段悲凉的和亲史。

扩展阅读

大汶口遗址为新石器时代遗存。300多年前，明朝人张华东在此发现，石头里有"怪物"，形似蝙蝠展翅，遂命名蝙蝠石。到20世纪才弄清楚，它其实是海洋生物三叶虫。

◎ 戈壁滩上的故城

在《西游记》里，有一个故事，讲述的是孙悟空三借芭蕉扇。为什么要借芭蕉扇呢？因为师徒四人被一座大山挡住了去西天取经的道路，而这座大山，便是有名的火焰山。

火焰山，并非虚无缥缈的杜撰，它是真实存在的。唐玄奘在西行时，也确实经过这里。它就位于新疆吐鲁番的戈壁滩上。

火焰山一带，在古代是西域的交通要道，是东西方文化和商业交流的重要通道。火焰山脚下，迄今还有一处著名的古城遗迹，它就是高昌故城。

故城的遗迹，苍凉无比，远远看去，是一个不规则的正方形。废墟上，有一些高耸的残破的城墙，依稀显示着故城的3个部分：外城、内城、宫城。残垣断壁上，有12扇大门的痕迹，有交易市场的痕迹，有庙宇的痕迹，有作坊的痕迹。

显然，当年的高昌故城，是异常繁华的，推测其人口可达3万，仅僧侣就有3 000。

"高昌"是西域名字，翻译过来后，是"秦城"的意思，也就是"中国城"。

高昌的历史，要追溯到汉朝。

当时，在今天的吉尔吉斯斯坦、塔吉克斯坦境内，有一个国家，叫大宛国。大宛国有30万人口、6万军队。大宛国距离汉朝大约有1万里，中间隔

▼苍凉的高昌故城遗址

着茫茫的大沙漠，荒无人烟，别说军队，就是来往经商的人都很难走过这片寸草不生的戈壁滩。所以，大宛国与汉朝没有往来。

张骞出使西域时，来到了大宛国，看到大宛国出产一种名贵的宝马，叫汗血宝马，非常可人。张骞返回后，便对汉武帝说了这件事。汉武帝特别喜欢马，便派车令带着许多黄金和一匹用纯金铸造的马，千里迢迢赶往大宛，想要换取汗血宝马。

车令出了玉门关，进入大漠，翻过天山，越过帕尔米高原，一路上，历经磨难，总算来到大宛。车令带着礼物去见大宛国的国王毋寡，向毋寡说明来意，希望用重金换取汗血宝马。

对于汉朝的金银丝绸，毋寡不太稀罕。他知道汉朝强盛，但觉得距汉朝有万里之遥，汉朝不能把他怎么样。因此，他对车令的请求不予理睬，傲慢地说："金子和金马，大宛国有的是，想用它们来交换宝马，简直就是妄想。"

车令受到这样的侮辱，很气愤，便斥责了毋寡。

他又想到自己不远万里而来，却遭到嘲讽，怒火中烧，一气之下，摔碎了金马，以示对毋寡的轻蔑。

毋寡气得半死，强迫车令离开大宛国。

车令愤然而归。毋寡暗中唆使人追杀车令，等到车令带着其他使者走到沙漠中时，将他们都杀害了，把金银财物也全部抢走。

▼佛教自西汉哀帝时传入后，至东汉时极为兴盛

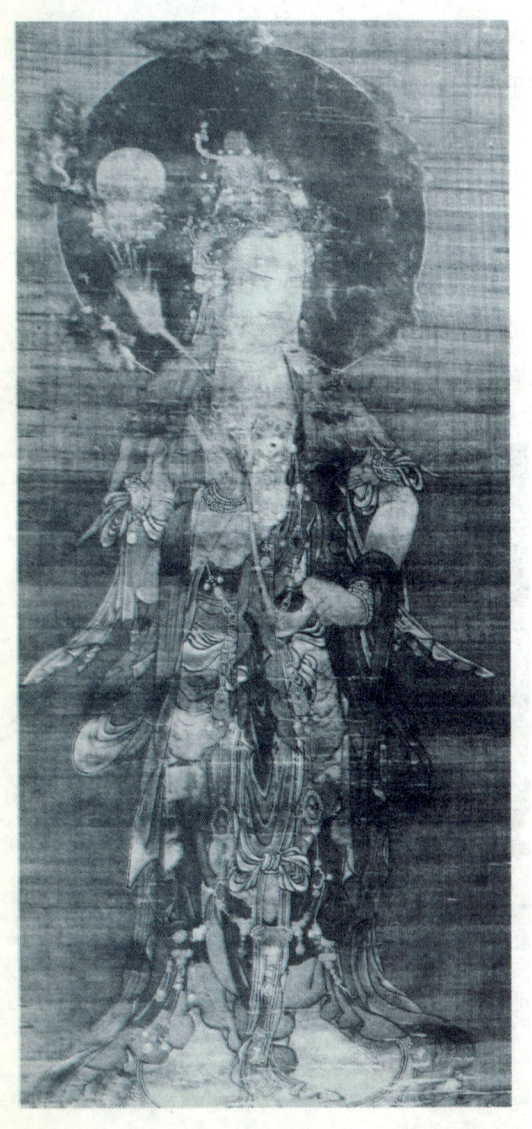

汉武帝得知后，勃然大怒，任命李广利为将军，率领6 000骑兵、几万步兵，征讨大宛。

这次远征，李广利号称"贰师将军"，意思是要夺取大宛国贰师城的宝马。

李广利出了玉门关，进入西域。结果，沿途的一些小国并不配合汉朝行动，都紧闭城门，不给他提供粮草。为了获取粮草，李广利只得一路攻打城池，补充给养。可是，有的国家并不好攻，甚至久攻不下，既耽搁了时间，又没有获得粮草，还要继续前进。就这样边打边走，饿死累死的将士不计其数。到达大宛的时候，只剩下几千名士兵了。饥饿和疲劳将他们折磨得骨瘦如柴，哪里还能打仗。

尽管如此，李广利还是对大宛国的都城进行了攻击。经过几次强攻，都没有成功，自己却损失了不少人马。

李广利静下心来分析战局，觉得都城都攻不下来，要想攻下王官就更难了；在兵员减少，一无援军，二无粮草的情况下，再硬着头皮强攻，只能是自取灭亡。

于是，李广利撤军了。

他带领残余部队回到敦煌，如此折腾后，士兵损伤无数，只剩下十之一二了。

李广利向汉武帝上疏，说此次征讨，道路遥远，粮草供应不上，将士们怕的不是战斗，而是饥饿；现在军中损伤太大，士兵所剩无几，无法攻下大宛国；请求暂时修整军队，待补充兵力后再去征讨。

汉武帝看了奏疏，气得脸色都变了。他即刻派出使者，火速前往玉门关，命令玉门关守将，牢牢地守住玉门关，不准李广利入关，他敢入关，就杀他。

玉门关守将严阵以待。李广利无奈，只好继续驻在敦煌。

李广利琢磨着，硬挺着不是办法，不能坐以待毙，要找个地方，开垦耕作，解决饱腹的问题；饿着肚子，也没

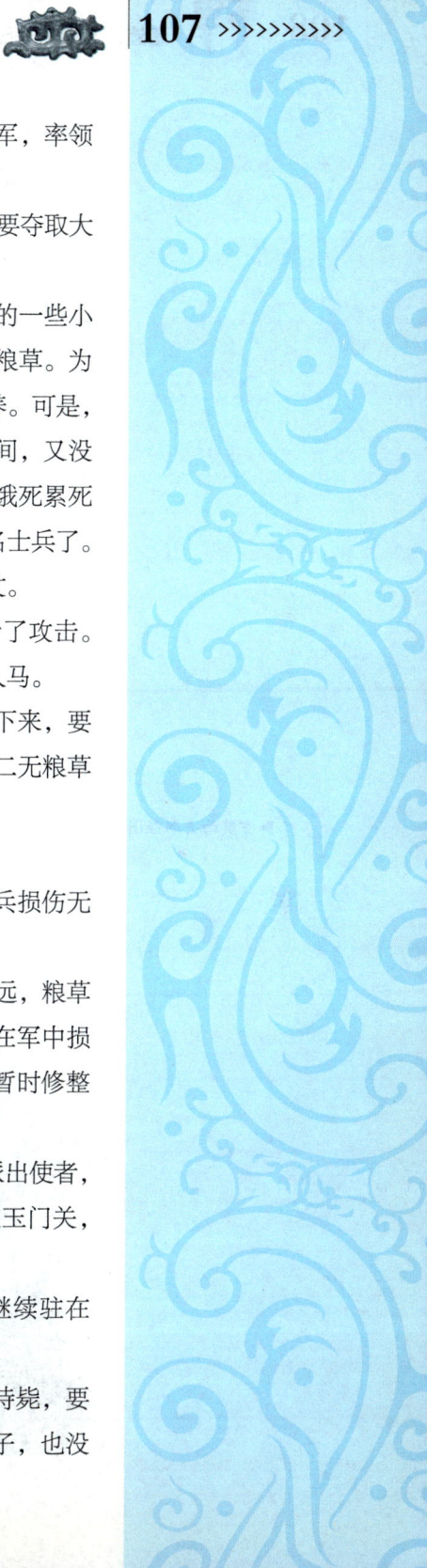

法练兵。

于是，李广利在火焰山下，找了块地方，设立了高昌壁，进行开垦。高昌故城的雏形，就这样形成了。

汉武帝见状，慢慢消了气。在李广利稍事整顿后，汉武帝又给了李广利兵马，让他再次征讨大宛。

李广利带领6万精兵、10万头牛、3万匹马、1万多骆驼和驴、充足的粮草等，开赴大宛国。他还另有18万甲士作为后援。

这一次，李广利攻入了大宛国，围攻都城40多天，杀死了许多兵将。大宛国危在旦夕，贵族们为了自保，杀死了国王毋寡，向李广利投降，并拱手奉送了3 000匹汗血宝马。

李广利返回玉门关的时候，只剩下1万多兵将、1 000多匹马。这是一次惨胜，但从此之后，西域成为了汉朝的疆域。

▶玄奘西去取经图

第三章　雄浑的秦汉遗迹

到了晋朝时，为了便于管理西域，高昌郡被正式设立了。在一定意义上，可以说，是汗血宝马促使了高昌的诞生。

南北朝时，高昌城成了一个繁华的都市。

唐朝时，高昌更加辉煌，是世界上宗教最为活跃的地方。高昌外城，就有一座大型的寺院，在大殿内，还残留着彩绘壁画的痕迹。公元629年，29岁的玄奘离开长安，历尽千辛万苦，到西方去求经。他来到高昌时，就在这里的寺院诵经讲佛，时间长达一个多月。高昌王非常尊重他，特意来到寺里，与他结拜为兄弟。

遗憾的是，高昌的繁荣，并没有延续下去。元朝的时候，蒙古游牧人起兵叛乱，围困高昌，高昌王坚守城池，半年后，悲怆战死。

高昌城在这次战争中变得面目全非，最终销声匿迹。这座戈壁滩上的故城，只留下一段美丽的传说。

扩展阅读

山西西侯度遗址出土的动物化石有：巨河狸、轴鹿、丽牛、披毛犀、步氏羚羊、纳玛象等；有若干烧骨，证明180万年前就使用了火。这是世界上最早的用火记录之一。

◎ 马背上的佛教

一天晚上，汉明帝刘庄在酣睡中，梦见一个金色神头。神头放射出白色的光芒，在殿庭间飞来绕去。

刘庄醒后，记忆犹新，觉得这个梦很奇怪。他向人询问，有人告诉他，这是佛的化身。

刘庄深以为然，他派遣大臣蔡愔和秦景等人，前往西域，去拜佛求经。

蔡愔和秦景等人出发了，经过长途跋涉，他们风尘仆仆地走到了今天的阿富汗一带。在这里，他们遇上了两位高僧——天竺（古印度）高僧迦叶摩腾、竺法兰。两位高僧正在弘法，他们深受打动，便邀请高僧到中原去宣讲佛法。

两位高僧答应了，他们用白马驮着大量的佛经和佛像，一路颠簸，于公元67年到达了东汉都城洛阳。

汉明帝大喜，命人仿照天竺的式样修建了一座寺院。为了铭记白马驮经的功劳，把寺院命名为"白马寺"。

白马寺成为中国佛教的发源地，此后，僧院都称为"寺"。

有了白马寺，建寺之风兴起。到西晋时，有了128座寺庙，洛阳占42座。到北魏时，佛教更是风靡，洛阳寺庙竟然达到了1 300多座。

唐朝时，白马寺得到大规模扩建，寺内僧人竟然多达千人，泱泱一片。

白马寺宏伟壮观、古朴优雅。寺内古树参天，异常幽静。白马寺有5重大殿，其中的毗卢殿，内有清凉台。清凉台原是迦叶摩腾和竺法兰翻译佛经的地方。

寺内，还有迦叶摩腾和竺法兰的坟墓，静穆无比，禅意四溢。

第三章　雄浑的秦汉遗迹

大佛殿内，悬挂着一口明朝大铁钟，重5 000多斤。声音响起时，远在洛阳东门城楼上的大钟会产生共鸣，兀自发出声响，出现"东边撞钟西边响，西边撞钟东边鸣"

◀神异的十一面菩萨图

◀《白马驮经图》

的物理学现象。此钟声，也被誉为洛阳八大"景"之一。

山门西侧，有一座石碑，是宋朝开国皇帝赵匡胤所立；山门东侧，还有一座石碑，是元太祖忽必烈所立。除此之外，寺内还有许多碑刻，有40多方，有重大的历史价值，也是研究佛教文化的重要资料。

白马寺是"中国第一古刹"，是官方营造的第一座寺院。中外佛教界称之为"释源"或"祖庭"。

扩展阅读

"王莽九庙"有11座礼制建筑，每座都有中心建筑、围墙、四门、配房。中心建筑和围墙的平面是个"回"字，分毫不差；中心建筑在整个遗址中央，是个"亚"字。

◎石壁上的"市井"

什么是阙?

阙,又叫阙门,是一种特殊建筑,常出现在宫殿、陵墓、祠庙门前。

它是装饰用的,在行道两旁,一边一个,很对称,默默凝视。

在两阙中间,是空缺,没有任何建筑物相连,故而称"阙"。

阙还有其他作用,如铭记官爵、功绩等。

它是华表的前身,象征着尊贵。华表是什么呢?华表就是用来纳谏或指路的木柱。

每一座阙,都分为正阙、子阙。正阙的个头,比子阙高。

在中岳嵩山登封境内,有3座著名的汉朝石阙,叫汉三

◀难以"抢救"的斑驳壁画

阙，分别是：太室阙、少室阙和启母阙。

太室阙，在太室山南麓，用青石砌成。西阙比东阙高了0.04米。两阙的"长相"一样，都有阙基、阙身和阙顶。

阙身上，还镌刻着铭文，还雕刻着画像。有犬逐兔、人捉鸱鸮，有马戏、熊、朱雀、玄武、鲧等，生活气息分外浓烈。

少室阙，在少室山上。涂山氏的妹妹，也就是大禹的第二任妻子，曾经住在这里。

少室阙的阙壁四周，也有彩画，一共60多幅，都是用减地平雕刻法雕成的。

彩画丰富、形象、夸张，除了一些动物，还有车马出行、驯象、月宫等画面。

马戏图的雕刻，最富神韵。有两匹腾空飞驰的骏马，前一匹马的背上，有一个倒立的少女，头发挽成双丫髻，穿着紧身的衣服。骏马奔腾的动感，穿透了石壁。在后一匹马的背上，也有一名女子，身体朝后微倾，长袖飘逸，显示出了马戏的惊险。

这些彩画内容，大多取自于现实生活。它们仿佛把汉朝的市井搬到了石壁

▶出土的汉朝陶楼

上，凝固到了石壁上，却又十分鲜活。

启母阙，在万岁峰下，是启母庙前的神道阙。

在它的山腰上，有一块很大的石头，叫启母石。启母石也与大禹有关。

传说中，大禹在轩辕山治水时，为了卖力地开凿疏通，他经常变作一只熊。有一天，他的妻子涂山氏给他送饭，惊见他变成了一只熊，感觉无比羞愧，跑着离开了。她跑到了万岁峰后，变成了一块沉默的石头。大禹在后面追赶，看到妻子变成了石头，想到妻子怀有身孕，便大声喊道："还我的孩子！"话音一落，石头倏然裂开，出来一个婴儿。这个婴儿就是启，后来成了夏朝的开国帝王。

想必，这个传说在汉武帝心中留下了很深的印象。汉武帝在游嵩山时，看到了一块石头，心有所动，便为它建立了启母庙。后来，颍川太守又在庙前建了阙，这便是启母阙。

启母阙也有铭文，前一部分铭文，记述了远古时的两次治水经过，先是大禹的父亲鲧，用堵塞的方法治水，以失败告终；禹吸取了父亲的教训，用疏通河道排洪的方法，取得了成功；铭文赞颂了禹"三过家门而不入"的可贵精神。

后一部分铭文，是赞颂汉朝的功德。

除了铭文，阙身也雕有60多幅画像，如蹴鞠、幻术、猎兔、斗鸡、"大禹化熊"等。

蹴鞠图刻上，蹴鞠运动员是个女子。她的头上，挽着高高的髻，长袖舞动，双脚跳起，正在专心致志地踢足球。在女子的两旁，各站着一个人，为她敲鼓伴奏。

关于幻术的画像，一共有2幅：一幅刻画了一个大汉，头戴毡帽，袒胸露乳，双手抱着一只长颈瓶，嘴巴对着天上喷火；另一幅刻画了一个人手拿长颈瓶，另一手拿着斧，在做神奇的表演。

太室阙、少室阙和启母阙，是现存的23座汉朝石阙中的精品。阙上的画像，共计2 000多幅，内容涉及宗教、神话、生活等多方面，是不可多得的实物资料。它们对于研究汉朝美术，研究活色生香的市井风俗，有着不可替代的价值。

扩展阅读

莫高窟壁画"百病缠身"，存在酥碱、起甲、裂缝、空鼓、脱落、霉变、烟熏等多种病害。酥碱现象被称为"壁画癌"，它可导致颜料剥落，壁画疏松、掉块等。

第四章
魏晋南北朝的独特遗迹

遗迹不是凭空存在的，它经过了人类有意识的加工，因而，它犹如一面镜子，可以照射出古人的社会生活与活动。魏晋南北朝时，少数民族入主中原，建立了许多风格迥异的政权，这使得这一时期的历史遗迹、人文遗迹、地理遗迹等，都沾染着浓厚的民族色彩和时代气息。

◎出镜率高的白帝城

"朝辞白帝彩云间,千里江陵一日还。两岸猿声啼不住,轻舟已过万重山。"这是李白的诗歌《早发白帝城》。它脍炙人口,几乎人人能诵,使得白帝城声名远扬。

其实,"白帝城"这个名称,并不是自古就有的,它第一次露面,是在西汉末年。

王莽篡权的时候,一个叫公孙述的人,任蜀郡太守。公孙述能力超群,很善于掌管政事。他兼管5个县,每个县都治理得很稳定,百姓安居乐业,很少有违法犯罪的事

▶树木掩映下的白帝庙

情发生。

公元23年，汉朝江山岌岌可危。各地都在纷纷起兵，一些别有用心的人，乘机打着扶持汉室江山的旗号，大肆侵占。蜀地也未能幸免。这群人进入蜀地，烧杀抢掠，百姓怨声载道。

公孙述非常愤怒，召集了一批英雄豪杰，对他们说："有一些人打着汉军的旗号进入蜀地，惊扰老百姓，房屋遭到焚烧，妇人与幼儿都成了俘虏。这样的军队哪里是义兵，根本就是寇贼！现在，我想保郡自守。你们愿意跟我一起并肩作战的就留下，不愿意的就可以走。"

各路英雄豪杰见公孙述正义凛然，都表示，愿意以死效忠。

公孙述随即集合队伍，开始攻打侵入蜀地的掠夺者，很快取得了胜利。

依仗蜀地险要的地势和民众的支持，公孙述势力越来越大。不久，他自立为蜀王，定都成都。

公孙述越发强盛了，渐渐地，连西南的邛国、笮国，都来巴结他。公孙述飘飘然，野心膨胀起来，他想要当皇帝了。

有一次，公孙述骑着马来到瞿塘峡口。有人告诉他，城中有口白鹤井，井里时常冒出白色的雾气。说者无心，听者有意，公孙述心中一动。他故弄玄虚，四处宣扬，说这是"白龙出井"的征兆，预示着他要登基成帝。

公元25年，公孙述正式称帝，称为"白帝"。这是因为，他崇尚白色。他把所建的城池，也取名为"白帝城"，一旁的山也改名为"白帝山"。

不过，公孙述的白色王国，并不长久。11年后，他就被杀死了，白帝国从此灭亡。

白帝城的名字，却永久地留存了下来。到了三国时，另一个大人物的出现，让白帝城更加有名了。

此人就是刘备。

公元219年，吴国水军杀死了关羽，抢占了荆州，蜀军受到重创。刘备悲痛愤恨，亲自率领全国兵力，去讨伐吴国。

蜀军兵临城下，吴将陆逊坚守不战。蜀军长途行军，粮草供给很困难，如果不能速战速决，就会面临很大的危险。6月份的时候，天气炎热，将士们都疲惫不堪，士气异常低落。刘备心焦，便将蜀军从水上转移到陆地，在阴凉的山林中扎下营寨，以解决将士们酷热之苦。

蜀军在密林中连营700里，想等到秋后再进行攻击。陆逊却发现了这种扎营方式的破绽，他看准战机，迅速组织人马前去偷袭。

陆逊让士兵每人带一把茅草，悄悄潜到蜀军的营地，然后，偷偷放火。

蜀军的营寨都是由木栅建成的，容易着火，加之周围又全都是草木。火焰呼啦啦地蔓延开来，眨眼间就把蜀军营地烧毁了一大片。蜀军伤亡惨重。

刘备猝不及防，深夜带着残兵败将逃走。吴军一路穷追不舍。幸亏蜀军沿途丢弃军用物资，堵塞了山口的要道，挡住了追兵，刘备才侥幸逃走。

刘备败走后，退居的地方，就是白帝城。

在白帝城，刘备修建了永安宫，暂时休养。他焦急、愤恨、羞愧，大病不起了。

刘备料到自己将不久于人世，便把诸葛亮从成都召来。刘备对诸葛亮说："你的才能是曹丕的十倍，必能安邦定国，灭魏灭吴，兴复汉室。吾子阿斗若有当皇帝的能力，你就辅佐他，若没有这个能力，你就废除他的帝位，自己做皇帝吧。"

诸葛亮闻言，蓦地下跪，流着泪说："我一定尽力辅佐，绝无二心，为国效忠，死而后已。"

刘备又对阿斗说:"处理国事时,凡事都要听取丞相的建议,要把丞相当做父亲一样对待。"

刘备托孤之后,不久便抑郁而死。白帝城笼罩上了悲怆的色彩。

白帝城在历史上的出镜率更高了,它的人文底蕴,也更加深厚了。

无数的诗人,都曾先后登临白帝城,留下许多著名的诗篇。其中有著名诗人李白、杜甫、白居易、刘禹锡、苏轼、陆游等。白帝城因此又有"诗城"之美誉。

白帝城还是一个祭祀的地方。

最初,白帝城中的白帝庙,是为祭祀公孙述的,摆着公孙述的塑像。明朝的时候,白帝庙又成了祭祀刘备的地方。公孙述的塑像被移到一边去,刘备的塑像被摆上去了。塑像栩栩如生,再现了刘备托孤的情景。白帝庙里,还有诸葛亮、关羽和张飞的塑像。

白帝庙内的1 000多件文物,分外珍贵。既有春秋战国时的巴蜀铜剑,也有东西两处碑林。其中,有70多块自隋代至清代的碑刻。有一块碑上刻着:"同治九年六月十九日,大水为灾,高于城五丈。"这段文字,是极为宝贵的水文资料。

扩展阅读

山西玉璧城遗址有一地道,为南北朝时西魏大将韦孝宽所修。韦孝宽令人挖堑壕、点柴火、斩杀熏呛从地道而入的东魏士兵。此地道是最早的古代地道战实物遗存。

◎ 一座寂静的壁画墓

在雁北地区，一处荒草丛生的高地上，有一座古墓。一日，当地村民路过此处，猛然发现，野草深处躺着两具尸体，已经高度腐烂，遂即刻报警。警方调查后判断，两名死者都是盗墓者。

盗墓者为什么会死在这里呢？

一时难以得到答案。

考古队来到了古墓遗址，打算对古墓进行发掘。这里非常静谧，显得很神秘。

在古墓的上方，队员们看到一个盗洞。洞很小，仅仅能容纳一个人钻入。为了初步了解一下墓中情况，队员们想要顺着这个盗洞进入墓室。

盗洞实在太狭窄了，而且很深，他们系着绳子，费了很大的劲儿，才在距离地面十几米深的地方落脚了。

在墓底，队员们踩到一块窄窄的木板，有两米多长。

▶壁画上的墓主人夫妇

木板不是文物，而是新的。他们推测，这是盗墓者扔下来的，他们用它来试探洞口至墓底的深度。

墓中光线很暗，几乎看不清任何东西。队员们借助手电筒的光，进行初步观察。结果，他们看到了矿灯、手套、砖块等，都是现代的物品。无疑，这些都是盗墓者带来的东西。

奇怪的是，墓中还有新近燃烧过的木炭。

这也是盗墓者带来的。那么，盗墓者用木炭做什么呢？

队员们带着疑惑，仔细地考察着、推测着。

原来，木炭与墓中壁画有关。

盗墓者在盗墓前，很是下了一番功夫，他们挖出了一个长达十几米的盗洞，绝不是一件容易的事。结果呢？当他们费尽力气挖通墓室后，却发现，墓中几乎一无所有。盗墓者不甘心，不想就此罢休，总惦记着拿点儿东西出去。拿什么呢？只有墓室墙壁上的壁画。于是，盗墓者决定盗取壁画。他们在墓中忙碌了好几天时间，因为揭取壁画需

▼壁画上所有的侍从都是侧脸

▶古人重视十二生肖，图为青玉雕十二生肖

要先把壁画烘干。怎么烘干呢？他们想到了木炭。

显然，这是一伙没脑子的盗墓者。他们缺乏科学常识，在用木炭烘烤壁画的时候，自己也留在墓中。由于盗洞口距离墓室很远、很深，盗洞又狭窄，洞口很小，导致外面的氧气无法顺畅地进入墓室，无法进行气体交换。就这样，炭火熄灭了，毒气蔓延。盗墓者的呼吸开始困难，这才觉察到危险。求生的欲望，促使他们爬向盗洞。但因中毒很深，他们出了盗洞后，没走出多远，便气绝而死。

在了解了盗墓者的死亡之谜后，考古队开始对古墓进行正式发掘。

在挖掘土方的时候，队员们看到泥土里有一种很奇怪的甲虫。虫子比较小，最小的还不足一厘米，最大的也只有两三厘米。虫子的背部，有黑白相间的细长条纹，呈黑白色，纵向排列。

挖到墓道里的时候，这种虫子更多了，不知道它们来自哪里。

村民们说，当地人都叫它们"放羊宝宝"。至于为什么叫这个奇怪的名字，村民却摇摇头，并不知道。他们只是听到老人们这么叫。他们说，这种虫子只在墓地才能看见，其他地方从未出现过它们的身影。

有了这种奇怪的小虫子作为调剂，挖掘的速度很快。

不久，整体的墓室暴露出来了。

这时，队员们才发现，壁画到处都是。无论是四壁、穹顶，还是甬道、墓门两侧，都有壁画。

通过对壁画的鉴定，可以确定，这是北齐的一座墓葬。

北齐是南北朝时的北方王朝之一，存在时间极短，只有短短的28年的时间。因此，北齐墓葬非常少见，非常珍贵。几乎每一座北齐墓葬，都是史学家了解这个政权的途径之一。

这座雁北北齐壁画墓，湮没在青草深处，显得格外幽静。墓中的壁画，在幽暗的光线中，更增添了寂静感。

这些壁画，是难得的珍品。画风注重写实，继承了顾恺之"以形写神"的手法。色彩运用得极为高明，以淡红晕染，突出了凹凸明暗，有很强的立体感和空间感。

壁画内容比较丰富，有四神图、十二生肖动物图、日月星辰图等。

这些图案并不罕见，但是，将十二生肖以动物的形象描绘出来，这却是历史上的第一次。

在墓室正中的壁画上，是墓主人和他的夫人的画像。在墓主人的身旁，却描绘了一个奇怪的人。

这是一个阴阳人。

他躲在幕帐下，处于显眼的位置。他留着女人的发式，嘴边却有两撇胡须。

在墓中的全部壁画中，无论仕女、军队、伎乐人等，都是侧面像。只有3个人是正面像，一个是墓主人，一个是墓主人的夫人，另一个就是这个阴阳人。

阴阳人为什么会享有如此高规格的待遇？

而且，他的穿着打扮也显得不伦不类，神情傲慢，一副愤世嫉俗的样子。

他是谁呢？

队员们推测，他可能是一个戏子。在南北朝时，女性

很少参与演出，因此，要演女角色，多半由男子来扮演，当时就有扮演"辽东妖妇"的戏子。

他可能非常有名，是"当红"的艺人，给墓主人带来了许多快乐。或者，他也可能是墓主人崇拜的偶像。根据墓室情况，墓主人地位不高，可能是一个地方县令，但墓主人生前怀有鸿鹄之志，却因战乱无法得以实现。于是，墓主人便通过戏曲排解心中的烦闷。戏曲听多了，便会对艺人产生崇拜之情。墓主人也希望自己来生能成为一个高超的戏子，所以，便把这位与众不同的艺人画在了自己身边。

壁画墓中，异常之静。除了壁画，连墓主人的骸骨都没有。甚至连棺木也没有！

显然，这不是盗墓者所为。盗墓者看重的是金银财宝，对尸骨从来没有兴趣。

那么，尸骨哪里去了？

经过考察分析，考古队员判定，尸骨被迁移走了。古人注重风水，认为后人的财运取决于房屋和先人的墓葬。而这座墓的墓主人下葬后，他的后人遭遇了坎坷，便觉得是墓葬风水出了问题，便迁了坟，把墓主人的尸骨迁走了，把陪葬物品也都迁走。此处，便成了一座废弃的寂静空墓。

扩展阅读

半坡遗址有一条长300米、深5~6米的大围沟，可防水、避免野兽和其他部落侵袭。围沟的土可装3 666辆车。如此浩大工程，却是先民在6 000年前用简陋粗笨的石器完成的。

◎盐湖：带咸味的文明

有这样一个地方，气候异常恶劣。有的时候，在初夏时节也会大雪纷纷，人在野外，即使穿着棉衣也有被冻僵的可能。这个地方，叫柴达木盆地。

柴达木盆地位于青海湖西边，海拔2 600～3 000米。20世纪60年代，一个地质探矿队在这里进行野外勘探。正好遇见天气突变，气温骤降。7个勘探人员如果不能在天黑之前赶回营地，就会有生命危险。

当时正处于困难时期，粮食供应极为有限，大家都处于饥饿状态。距离营地还远得很，他们饿得几乎挪不开步子了。眼看就要天黑了，他们分外焦急，担心会被冻死在荒野。

正在这时候，有人发现前面不远处有一个涵洞。他们商量决定，就在涵洞里过夜。他们踉跄着走过去，准备用随身携带的棉被堵住涵洞的两个出口，避免寒流进来。

他们走进洞里，刚刚放下行李，就听见"噗"的一声响，一只老鹰落到了地上，抓住了一只野兔。

他们刹那怔住，然后，突然觉醒。他们扔下手里的东

◀神秘莫测的盐湖

西，不约而同地冲向老鹰，身手矫健，一改刚才的羸弱模样。老鹰受到惊吓，仓皇丢下野兔飞走了。野兔受了伤，眼睛被老鹰弄瞎，歪歪斜斜地逃进了石丛中。他们如狼似虎地追过去。在紧锣密鼓的围追堵截下，这只瞎眼野兔终于被逮住了。他们总算有了填肚子的东西。

这支探矿队，所勘探的，是柴达木盆地的盐矿。

在蒙古语中，"柴达木"是盐泽的意思。柴达木盆地中，分布着众多的盐湖，蕴藏着储量巨大的盐类资源。储量超过百亿吨的特大盐湖就有2个；储量在10～100亿吨的大型盐湖就有6个；储量达到千万吨的盐湖则到处都是。

整个柴达木盆地，简直就是盐的世界，它的盐矿储量高达千亿吨。也就是说，用柴达木盆地的盐，可以在地球与月球之间架起一座宽6米、厚3米的盐桥。

柴达木盐湖中，含有多种元素，包括锂、钾、镁、硼、溴、铯锶等。

盐湖，是相当危险的湖。湖中的液体——卤水，足以致人于死命。而液态和固态并存的盐湖，更是阴险的"杀手"，人一旦陷进去，就别想活命了。

卤水是构成盐矿的主要元素之一，还有一部分是固态盐。由于气温极低，卤水盐矿往往被厚厚的冰块遮盖住。

察尔汗堪称柴达木的盐湖之王，它由9个大小不同的盐湖组成，是世界上海拔最高的内陆盐湖，也是世界第二大的盐湖，被称为"中国死海"。

察尔汗盐湖的湖面，结着1～4米厚坚硬的盐盖，飞机在上面起落都毫无问题。

从格尔木至敦煌的公路，有一段是从察尔汗盐湖上穿过的。这一段公路，由15～18米厚的盐盖构成，长达36公里，即

▼结晶的"盐花"

10 800丈，堪称"万丈盐桥"。

中国的桥梁建设创造了许多世界之最。然而，在承载能力方面，世界上找不到一座桥梁可以跟察尔汗盐桥相提并论。察尔汗盐桥每平方米承重达到600吨，是名副其实的桥中之王。

盐湖中，到处绽放着奇特的盐花，千奇百怪，有珍珠状、宝石状、花蕾状、蘑菇状、珊瑚状等。

盐花是结晶盐形成的。那么，结晶盐又是怎样形成的呢？

在亿万年前，青藏高原还埋藏在汪洋大海之下，这就是特提斯古海。后来，由于地球不断运动，昆仑山、祁连山等从海中先冒出头来，将柴达木盆地和大海断开，形成了内陆湖泊。又由于青藏高原不断升高，印度洋的暖湿气流被阻挡住了，致使高原内部逐渐干燥，湖泊越来越小，湖水渐渐干涸，浓度增大，湖中的盐类便形成了结晶。

在柴达木盆地的最低处，有一座贝壳山。准确地说，它不是山，而是一道梁。它长2 000多米，底宽70米，顶宽30米，高5～10米。它的奇特之处在于，它是由贝壳和沙渍结成的。

它最能证明盐湖形成的过程。

这些不计其数的贝壳，大都呈灰白色，个头只有指甲大，纹理浅淡。这说明，它们没有受到巨浪的冲刷，属于湖泊的沉积物。可是，在通常情况下，湖如果在缩小，贝壳会随着水位的下降，而最终沉积在最低洼的地方，而这里的贝壳却形成了山梁！何以如此呢？

这是柴达木盆地特殊地貌所造成的。

由于地壳运动和蒸发等原因，湖泊逐渐缩小，逐渐干涸，贝类为了寻找水源，成群结队地爬向低洼处，日久天长，贝壳越积越多，越爬越高。最后，它们全部死去，形成了一道长长的贝壳堤墙。

离此不远处，还有一座海虾山。海虾山与地平相对高度200米左右，从山腰到峰顶之间，全是密密麻麻的海虾。它们已经变成了青黑色的海虾化石。化石镶嵌在岩石之中，像壮美的浮雕。

这里，也足以证明，柴达木在远古是一片海洋。

柴达木的盐湖中，也有淡水。盐湖中有不少像冰窟窿一样的"小潜水"，它们是地下淡水构成的。小潜水十分危险，暗藏危机，稍不留神掉进去，就会引发危险。

柴达木一带，并不是荒无人烟。早在二三万年前，就有原始人在此生活。周朝时，西羌部落在此游牧；元朝时，蒙古人的马蹄在此纵横；明朝时，藏族人从黄河沿岸和青海东部迁徙而来。

海洋中的生命是无穷的，但当它变成咸水湖、再变成盐湖后，水中的生命就会逐渐减少。在柴达木盆地的盐湖腹地，几乎看不见任何生命的痕迹，只剩下嗜盐藻和盐卤虫等罕见的特异生物。就是鸟儿都很少到此。偶有一些路过的鸟儿，若喝了卤水，也会葬身盐湖，成为"腌制"的小鸟。

扩展阅读

北首岭遗址有瓮棺葬，即将未成年人（多为婴儿）的尸骨放入陶瓮，盖盖后埋于地下。这显示出史前儿童死亡率高，也说明儿童受到特别照顾。这种葬俗流传到汉代。

◎ 韩国腹地的中国式古墓

在韩国忠清南道的公州郡，在宋山里的山坡上，有一片古代墓冢，由6座巨大的圆形墓组成。它就是百济王陵。

王陵中，有一座编号为6的墓葬，尤其引人注目。

它的墓制结构，很奇怪，不是当地的式样，而是极度"中国化"。它采用了拱券顶砖室墓；墓室四壁上，画有青龙、白虎、玄武、朱雀四神的图像；在一块壁砖上，还刻有汉字铭文。

何以如此？为什么在韩国腹地会出现中国式古墓？

古墓的样式，与中国南北朝时的梁朝墓葬，几乎一样。那么，这是否暗示着，百济与梁有一种特殊的关系呢？

这是让人怦然心动的想法。

◀中国式的拱券顶砖室墓

遗迹，文明的基因

▲武宁王陵出土的耳坠（左）
▲美不胜收的金饰（右）

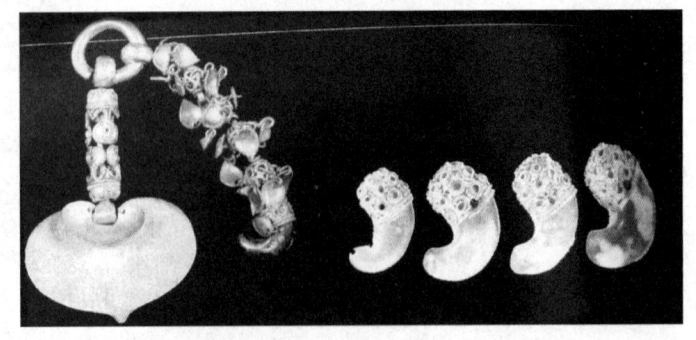

但却没有足够的证据。

时光冉冉流逝，一天，一些韩国人在古墓后面做排水工程。突然，有个韩国人发现，6号墓后面的山丘，其实并不是山丘，而是另一座古墓的封土！

这个无意间的发现，是惊人的。它一公布，立刻引起震动。

韩国的盗墓者也一直误以为这是山丘，没有去盗扰。因而，古墓中，一切都是原来的模样。在两个庞大的棺床上，摆着两口豪华的木棺，棺中安睡着一男一女，男左女右。他们的头下，枕着华美的木枕，头冠上有金饰；身旁还有金、玉、玻璃、青铜镜、龙纹环首铁刀、鎏金之履等。

古墓为百济武宁王的陵墓，女子为其王妃。墓志上，刻着墓铭，仍旧是中文。

这真是让人摸不到头脑：墓主人明明是朝鲜半岛的土著人，为什么不使用国语、母语，反而要使用外国语言，使用中文呢？

这与当时的国际局势有关。

在南北朝时，朝鲜半岛上有3个国家：高句丽、百济、新罗。"三国"鼎立，战乱不断，胜胜负负，分分合合。

高句丽为争霸成功，主动跑到中国的北朝，与北朝交好；百济一见，便去南朝，与南朝的梁朝亲近。各拉盟友，互不相让。

第四章 魏晋南北朝的独特遗迹

有一年，百济的使者去梁朝。他跋山涉水，迢遥而来，千辛万苦抵达了梁朝的都城建康。岂料，城里发生了变故。梁朝皇帝被叛军打败，失去了政权。都城一片狼藉，乱七八糟，昔日的豪华壮美全都不见了。这位使者感慨万端，内心凄凉，忍不住号啕大哭，涕泪横流。叛军听说了，勃然大怒，把他抓起来，塞进大牢。这个无辜的使者就这样过起了暗无天日的日子，一直到叛军被镇压住，才被放出来，蹒跚地返回了朝鲜半岛。

由此可见，百济与梁朝的关系，已经不是一般的亲厚了。

后来，百济不断派使者到梁朝，接受梁朝皇帝的册封。到了百济王余隆的时候，余隆更加积极，频繁出使，使百济与梁朝的关系达到新的高峰。

余隆在位23年，病逝后，谥号为"武宁"。而武宁王，就是疑似山丘实为古墓的墓主人。墓中之所以使用汉字铭文，就是这段外交史的体现。

◀形态奇异的唐朝镇墓兽

◀武宁王陵出土的金钗

武宁王陵中的墓室，分外华美。内有假窗，窗上有灯龛，为桃状火焰形，朱红色，绘有青色卷草纹。墓室还设有下水道。这些，都是南朝墓葬文化的翻版。

武宁王陵中，随葬着一柄青铜镜。镜子有7枚镜乳纹，分别制成7面小铜镜的形状，可以比拟为大镜的7个孩子。而这种镜子，正是中国汉晋时流行的"七子镜"。南朝诗人常用七子镜比拟明月。

这说明，南朝不仅向百济输出了文化、工匠，还有一些器物。

武宁王陵中，还放置着镇墓兽。镇墓兽的中国元素也很明显，几乎是完全仿效南朝镇墓兽的形貌。

这些考古发现，彰显了中国南北朝和百济的密切文化交往；特别是南朝文化，对百济影响深远。

可见，文化影响往往要大过军事影响。

> **扩展阅读**
>
> 贺兰山岩画，是春秋战国到西夏时的北方少数民族所刻。上有森林草原动物，也有乘骑征战人物，显示了游牧民族的历史、文化、风土人情等，堪称珍贵的历史孑遗。

第五章
隋唐五代，遗迹纷繁

　　一个不起眼的灰坑，一个简陋的窖藏，一条残破的水渠，一片化为废墟的居址，这些古人类留下的遗迹，无论多么沧桑，都保留着珍贵的文化基因。隋唐时期，国家版图庞大，风气开放，留下的遗迹更加纷繁，如白马寺的碑刻、少林寺的塔林、法门寺的舍利……

◎ 大运河：流动的遗迹

春秋末期，长江下游一带的吴国，想北伐齐国，成为中原霸主。吴国的优势是水军，吴王夫差打算开凿运河，既可行驶战船，又可运送粮草。

夫差调集了许多人，开始修建水利工程。运河修成后，沿途经过了邗城，时人便把它叫"邗沟"。

通过水路，吴国打败了齐国。吴王夫差得意忘形，带领全部精锐远赴黄池，当着各国诸侯的面，与晋国争夺霸主地位。就在这时，越国乘虚而入，攻击吴国，吴国就此灭亡。

▶忙碌的烧窑人俑

邗沟仍被使用。它长170公里，将长江水顺利地引入了淮河。

邗沟是最初的大运河，至今仍在发挥作用。

隋朝时，隋炀帝把都城迁往洛阳。他为了更好地控制江南，使洛阳与长江三角洲的运输更加便捷，便下令继续开凿运河。

这次开凿，规模之大，前所未有。他先后征调了大约

100万人，就连女子也被强迫征入。他重新改造了邗沟，光是为这段河道，他就强征了10万人。人海茫茫，覆盖了河面。

百姓深受其苦，对修运河心怀恐惧。在他们心中，与其开凿运河，还不如去参加战争。为了逃避修运河的命运，一些百姓把自己的手脚砍断了，以此来逃避强征。

砍断手脚，是痛苦的事情，可是，百姓却觉得这是一件幸运的事情。他们把断手断脚称为"福手福足"。因为手足断掉了，尚可活命，而修运河却时刻面临死亡的威胁。

◀烧窑制陶模拟人俑

隋炀帝派麻叔谋监督工程。麻叔谋是个残酷的家伙，根本不把百姓当人看。百姓一连几个月都要在齐腰的水中劳动，由于长期浸泡，很多人从腰部以下都出现了水肿或溃烂。血和水掺和在一起，惨不忍睹。即便是这样，麻叔谋还强迫加快工程进度，百姓稍有怠慢，就会招来杀身之祸。到了冬天的时候，河流中到处是大大小小的冰块，里面漂浮着百姓的尸首。百姓只要一听见麻叔谋的名字就吓得战战兢兢。

全长2 700多公里的大运河，足足用了5年的时间才算完成。这条大运河，跨越地球10多个纬度，贯通了黄河与长江，将两大文明汇聚在一起，南北经济的往来更加频繁。

元朝定都北京之后，又新修了大运河。比隋唐大运河缩短了900多公里。这就是今天的京杭大运河。

大运河是一条流动着的遗迹，是古代一项伟大的水利工程，凝聚了劳动者的智慧和血汗。

它是世界上开凿最早、规模最大的运河；是国家经济的大动脉，为军事、经济发展作出了重大贡献。

扩展阅读

铜绿山古铜矿遗址有孔雀石、赤铜矿等。周朝人依靠斧、锄、钻等在此采矿冶炼，遗留的古炉渣有40万吨。炉渣酸度适宜，含铜量仅0.7%，说明古人冶铜技术很高。

◎经过多次地震考验的桥

在河北的滔滔洨河上,有一座古老的石拱桥。它经历了10次大洪灾、8次战乱、多次地震,却岿然不动。有一次地震,震级为7.6级,震中距它仅仅40多公里,桥身剧烈摇晃,但它依旧昂然挺立。迄今,它已经1 400多岁了。

它就是赵州桥。

传说赵州桥是鲁班修造的。鲁班建桥后,引得神仙张果老下凡,也凑过来看热闹。他倒骑着毛驴,和柴荣来到桥头。碰见鲁班后,张果老问鲁班:"这桥经得起我们俩走吗?"鲁班心想,车马从桥上经过都没事,走两个人能有什么事。于是,他让张果老和柴荣上桥。

谁知,张果老带着一个褡裢,里面装着太阳和月亮;柴荣推着小车,车里载着五岳名山。他们一上桥,桥身就剧烈地晃动起来。

鲁班大惊,赶忙纵身跳进河中,双手用力顶着桥拱。他用了很大的力气,手掌都陷进了石拱之中。桥上也留下了驴蹄子踩踏的痕迹和车压的沟印。柴荣在桥上不小心跌倒了,他的膝盖印也留下了。张果老的斗笠落下来,还砸出了一个圆圆的小坑。

这个传说,是后人编造附会的。其实,建造赵州桥的人,是隋朝名匠李春。

隋朝时,洨河一带是交通要道。但是,洨河却阻断了交通,给来往者带来很大不便。每到洪水季节,河水上涨,交通就完全被阻断了,无法通行。朝廷迫切希望能在河上修建一座大桥,这个愿望,让李春给实现了。

李春接到设计建造大桥的旨意后,先对洨河一带进行了实地考察。

最终,他选择在洨河两岸较为平直的地方建桥。因为

遗迹，文明的基因

▶独创的赵州桥桥孔

这里的地层相对坚固，上部是久经水流冲刷的粗砂层，下部是细石、粗石、细砂和黏土层。

李春的选择，是很科学的。经现代测算，赵州桥下面的地层的承受力，在每平方厘米4.5~6.6公斤之间；赵州桥对地面的压力，是每平方厘米5~6公斤，完全可以承受大桥重量。因此，赵州桥历经1 400年，桥基也仅仅下沉了5厘米左右。

古代的许多石拱桥，拱形大多是半圆形的。这样的拱，能使桥更为牢固，但这样一来，拱顶就会很高，坡度就会很陡，车马行人过桥时就会不方便。

李春想要避开弊端，他左思右想，想出了一个圆弧拱的点子。如此一来，便解决了这个问题。

赵州桥的主孔，净跨度为37.02米，拱高却只有7.23米，拱高和跨度之比为1∶5左右。这种低桥面、大跨度的石拱桥，在当时的世界上是一个伟大的创举。

石拱桥一般都是多孔结构，可是，桥墩越多，越不利于船舶通行。而且，由于桥墩的阻隔，泄洪量还减小了。桥墩泡在水中，长年累月地被水流腐蚀和冲击，时间久了，还容易坍塌。

李春在这方面，也花了不少心思。他在建赵州桥时，采取了单孔长跨的形式。石拱跨径长37米多，远远看去，就像一道长虹横亘在水上。

这种结构，也是桥梁史上的一个创举。

对于拱肩，李春也进行了改进。

他把实肩拱改为了敞肩拱。也就是说，他在大拱两端，又各增加了两个小拱。这样的设计，可增加泄洪的能力，保护大桥。当大水来临时，4个小拱又可以分担部分洪流，减轻了洪水对桥身的冲击力，还减少了大桥自身的重量。大拱和小拱凑在一起，还显得十分美观。

赵州桥用1 000多块重达1吨的巨石建成。它是世界上最古老、跨度最长的敞肩圆弧拱桥，被誉为"中国工程界一绝"。

扩展阅读

风葬亦称"树葬"、"风干葬"，是将尸体置于山林树木之上。这一葬俗盛行于古代东北或西南地区的少数民族。隋唐时，奚族的死者，也"以苇薄裹尸，悬之树上"。

◎ "东方金字塔"

唐朝时，朝鲜半岛的形势十分复杂。3个国家——高句丽、百济和新罗，为了扩张势力，没完没了地发生侵扰、战争。

百济与高句丽结成盟友，新罗孤立，在战争中经常失利。新罗是唐朝的属国，便向唐朝求助。唐朝出面干涉，对高句丽进行警告。

高句丽不买账，依旧我行我素。唐朝忍无可忍，起兵征讨高句丽。

公元660年，唐朝的十万大军乘船而来，战船"扬帆盖海"，气势雄壮。唐军到达熊津江口，百济军沿江布防。左武卫大将军苏定方带领唐军从东岸登陆，依山布阵，与百济展开了激烈的战斗。

百济很快便被打败，死亡几千人，剩下的都纷纷溃逃。

唐军大部队上了岸，兵力更加强盛。战船首尾相连，锣鼓声、呐喊声响彻天宇。苏定方率领步兵和骑兵队伍，沿着大江两岸前进，向真都城进发。

在距离真都城20多里的地方，百济倾全国之力来拦

▶以巨石倚护的将军坟

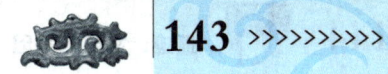

截，打算决一死战。结果一万多人战死，百济惨败。

唐军乘胜追击，很快攻进百济外城。百济国王和太子仓皇逃离。

百济国王的次子，趁机称王，坚守城池。但其他人反对他称王，很多人攀着绳索从城墙上滑下，各自散去了。百济士卒也都纷纷跟随，城内一片大乱。

苏定方趁机让唐军登上了城楼，插上了唐朝的旗帜。百济城里的人一看唐朝旗帜，更加惶恐。

最终，百济人打开城门，乖乖投降。

百济被平定之后，高句丽失去了盟国，陷入了孤立无援的境地。

公元645年，唐军第二次出兵，一直攻打到高句丽的安市城。唐军将安市城包围起来，密不透风。但是，却久攻未破。到了9月份，眼看冬天即将来临，天气寒冷，草木枯萎、河水生寒，唐军不敢久留，便撤军了。

公元660年，唐军第三次征讨高句丽，由苏定方统率大军。苏定方兵分两路，大举进攻高句丽。第二年8月，苏定方率领水军，在大同江打败高句丽。一路战无不胜，直逼高句丽都城平壤，将平壤围困起来。

但是，北线的陆路唐军，却不那么顺利。高句丽在鸭绿江布防，将唐军阻挡在鸭绿江边。两军僵持，一直到了9月底，不分胜负。

这时候的鸭绿江，异常寒冷，江面结上了厚厚的冰。唐军不再等待，踏过冰封的江面，对高句丽发起猛烈进攻。

高句丽大败而逃，唐军乘胜追击，一直追了几十里路，杀死3万多人，剩下的都投降了唐军。

北路唐军大获全胜，决定南下，与苏定方在平壤会师，一举消灭高句丽。然而，却发生了意外——漠北发生了叛乱，北路军的将领要转战漠北。就这样，唐军南北合击高句丽的计划落空了，与高句丽的战争成为了持久战。

苏定方围困平壤，十分艰难。进入冬季后，高句丽成了一片冰冻的世界。唐军输送军粮等物资受阻，后勤供应不上，粮草和冬衣都出现了短缺。

苏定方考虑到，最佳的进攻时机失去了，莫不如撤军回国。

高句丽又侥幸得脱了。但并不久远。在这之后，唐朝又继续发兵讨伐。

高句丽经受多次打击，元气大伤。高句丽在兵员最多的时候，有四五十万人，被唐军连续攻打后，损伤惨重，光是战死的就接近6万人，受伤的达几万人，占到了高句丽军队总数的1/3左右。加之，还有10多万人被俘虏。这些俘虏后来虽然都被放回去了，但已经失去了战斗力。如此一来，高句丽实际只剩下10多万的军队。而这10多万人中，能够参战的就更少了。

公元668年，奄奄一息的高句丽最终灭亡了。

高句丽曾生活在东北一带，后来跨越鸭绿江，蔓延至朝鲜半岛。高句丽王国消失后，东北一带的遗迹犹存。

在它的遗迹中，有山城、陵墓、碑石，以及上万座古墓。

高句丽享国705年，共历28个国王。在集安洞沟古墓群中，就有18座王陵。将军坟是其中之一。

将军坟是积石结构，它有7层坟阶，每层都是巨大的石条。每块条石都在几吨以上。陵墓的四面，有3块护坟石，每块都有10多吨重。整座陵墓呈截尖的方锥形，被称为"东方金字塔"。

在高句丽陵墓中，将军坟最具代表性，堪称绝世之陵。

将军坟的墓主人，是第二十代王——长寿王。

长寿王在世时，曾为他的父亲——好太王立下一块碑，高6米多。碑文使用的是汉字，为隶书，也保留了部分篆书和楷书，这对研究中国书法有重要意义。

▲苍劲的好太王碑文字

碑文中，记述了高句丽的建国，以及东北与朝鲜半岛与日本列岛之间的关系。这是现存最多的关于高句丽的记述，也是最早的高句丽考古史料。

遗址中，还有许多壁画，再现了高句丽的风土人情和社会风貌。

奇特的是，壁画上镶嵌着夜明珠和宝石。这在中国历代壁画中是极为罕见的。

扩展阅读

仰韶文化遗址出土了许多陶器，上有精美纹饰：网纹、花瓣纹、鱼纹、弦纹、几何图形纹等；还出土了一枚指甲纹的陶埙，对研究6 000年前的古代音乐有重大意义。

◎ 寻找"天地之中"

哪里是"天地之中"呢？

这要到河南登封去寻找。

为什么要到登封去寻找呢？

因为古人有一个宇宙观：中国处在天地的中央；天地的中心在中原；中原的中心在河南登封。

而登封的核心地带，就包括少林寺。少林寺因此也被古人称为天地之中。

少林寺始建于北魏，倚靠在嵩山南麓。为什么要建少林寺呢？

这是北魏孝文帝的主意。他为了安顿一个印度僧人，让其有个传教的地方，便修建了少林寺。不过，少林寺的声名远扬，和他没半点儿关系。这跟一个和尚有关，这个和尚便是菩提达摩。

少林寺建成30多年后，印度的高僧菩提达摩千里迢迢地渡海而来，传播禅宗。达摩一身风尘，来到少林寺，再也舍不得离开。

他叹道，自己走过世界上许多地方，却从没见过这么好的地方。

达摩在少林寺长期住了下来，整天面壁打坐。

嵩山有个和尚，名叫神光，他听说达摩入住少林寺后，一心想让达摩向自己传道，便前往少林寺。

神光到了少林寺，达摩并不理睬他，仍旧面壁端坐，旁若无人。

神光没有放弃，他心想："古人求道，都要忍受许多痛苦，经历许多磨难，古人都能这样做，我一个平庸人更应该经受磨难，这样才能修成正果。"

于是，即使在寒冷的冬天，神光也倔强地站在冰天雪

▼面壁打坐的达摩

地里等待，日夜如此。等到天亮的时候，他的膝盖都埋在了厚厚的积雪之中。

达摩终于开口了，问他："你长久地站在雪中，可有事情求我？"

神光流着眼泪说："只求你慈悲，为我传道。"

达摩没有同意，他担心神光只是一时冲动，很难持之以恒。

神光见达摩拒绝，便拿出一把锋利的刀，毫不犹豫地砍向自己的左臂。断臂落在雪地之中，他捡起断臂，拿到达摩的面前，以示决心。

达摩惊骇异常，深为神光的执着所感动，收下了神光为弟子，为他取法号慧可。

少林寺中的立雪亭，就是为了铭记慧可断臂求法的事而修建的。

达摩把《楞伽经》传授给了慧可。慧可天资聪慧，最终得道，成为禅宗在东土的第二代祖师。禅宗在中国也终于有了传法世系。

禅宗流传甚快，原因是，它不晦涩，不高深，不难；它提出了：教外别传，不立文字，直指人心，见性成佛。也就是说，禅宗把佛变成了平常人，谁都可能成佛，谁都可以修禅。禅宗传到唐朝，更加简易了。第六代祖师惠能提出了"顿悟"，把坐禅都免了。慧能认为，顿悟就在日常生活中，"提水砍柴无非妙道"，就是喊一嗓子都有可能顿悟成佛。

其实，少林功夫中就有许多招式来自日常生活。僧人们在挑水、扫地、劈柴、烧火时，受到启发，便将这些动作加工提炼，形成一招一式，创造了独特的武术门派。

达摩离开少林寺后，在洞中留下一个神秘的铁盒。有一天，一个僧人发现了盒子，盒子没有上锁，却用蜡封住了，大概是为了防止里面的东西潮湿损坏。

▶《达摩禅师像》中，达摩正在云游

僧人们用火把蜡烤化，打开了盒子，见里面有两本书，一本叫《易筋经》，另一本叫《洗髓经》。翻开书来，里面都是梵文。

慧可懂梵文，他仔细研究了两本书。之后，他携带《洗髓经》遍游天下去了，把《易筋经》留在了少林寺。等他云游归来，他已经翻译好了《洗髓经》。

其间，《易筋经》被一位峨眉山上的天竺僧人翻译过来了。

众人读了两本经书，这才知道，《易筋经》和《洗髓经》是一体的。此后，少林僧人坐禅和习武成了两门必修功课。

唐朝时，李世民讨伐政敌，战场就在少林寺一带。少林寺无奈地被卷入了漩涡。和尚们在经过商议后，决心协助李世民征战，帮了李世民的大忙。李世民登基为帝后，为回报这段恩情，破格允许少林寺拥有僧兵，还特赦少林和尚可以开杀戒、吃肉喝酒。少林寺内的一块石碑，记述了这一段历史。

少林寺在朝廷的扶持下，迅速壮大，成为了驰名中外的大寺，博得"天下第一名刹"的美名。由于少林寺是开创禅宗的地方，它也被誉为"禅宗祖庭"。直到清朝，它才逐渐衰落下去。

在少林寺西面，山脚下，有一处很大的塔林，林立着250多座塔。这是从唐朝以来，少林寺历任住持的墓地。

大大小小的塔，形状各不相同，是研究古代砖石建筑和雕刻艺术的便捷通道。

塔上的铭文，记述了古代中外文化交流的情况和少林功夫。这在世界古塔建筑群中，是从未有过的。

扩展阅读

唐朝渤海国都城遗址，位于黑龙江省宁安市。遗址中，最多建筑材料，有绿色的釉瓦，间或黄色；有红色、紫色、蓝色等鸱尾构件。绚烂多彩，显示出唐朝人独特的审美观。

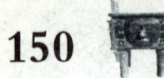

◎法门寺舍利之谜

舍利，本是梵语。在佛教中，它指僧人死后的遗体、骨骼、头发等。

佛祖释迦牟尼死后，他的弟子用香木焚烧他的遗体。遗体火化之后，在灰烬中发现了4颗牙齿，还有一些指骨、头盖骨、毛发以及珠子一样的颗粒。这便是佛祖舍利。

公元前273年，阿育王经过长期的征战，大肆杀戮，统一了印度。暮年，阿育王反思一生，想到自己在战争中犯下的罪恶，忏悔不已。于是，他将佛祖舍利分成8.4万份，撒向四方，并建8.4万座宝塔，据称中国的法门寺也有所得。

法门寺，位于陕西宝鸡扶风县。寺内的确出土了一座鎏金七宝阿育王塔。

法门寺的正式发掘，是在1987年。

考古队于2月进驻法门寺。用时两个月，才发现地宫入口。

▼八宝重函中的盒子

▼法门寺地宫内通道

入口处，有一道石门。打开锈迹斑斑的铁锁，第一道石门被打开，便进入了甬道。甬道的尽头，又是一道石门。打开这道石门之后，大家不禁愣住了，只见到处都是金银财宝！上面还有一大堆丝绸织物，丝织物上镶满了珠宝。衣物都是历代帝王后妃所赐，其中还有一件武则天赏赐的绣裙。

在地宫的中室，静静地摆放着瓷器。有瓶、碗和盘等，精巧端庄，胎壁薄而均匀，为淡粉绿色，玲珑剔透，恰似宝玉。这便是震惊世界的"秘色瓷"。

中室后面，又出现了一道石门。这道门一打开，便进入了地宫后室。这里也是一屋子的金银珠宝。有2 000多件金银器皿，还有成堆的珍珠玛瑙和玉石，令人眼花缭乱、应接不暇。

不过，最令人激动的，不是这些耀人眼目的珍宝，而是放在后室的"八重宝函"。

八重宝函，为8个宝函相套而成，是为存放佛指骨舍利而特意制作的，类似于舍利的棺椁。

既然是舍利的棺椁，那么，里面一定会有舍利吧？考

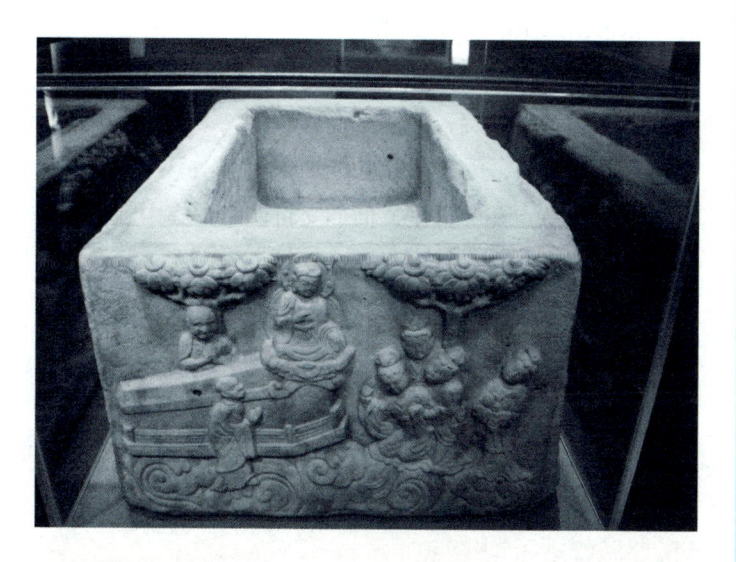

◀雕刻着佛祖的舍利函

▲ 石雕舍利函侧面

古人员这样一想，都很激动。

有人小心翼翼地打开了木函。最外层是檀香木函，已经腐蚀了。接着，依次打开套装着的3个银函、2个金函和1个宝石函。

打开宝石函后，里面有一块用橘黄色绸帕捆着的东西。绸帕打着死结。队员们足足花了两个多小时，才把死结解开。

绸帕摊开后，露出一座精巧玲珑的小金塔。有人将小金塔的塔身轻轻取下，看见塔座上竖立着一个东西——那是一根拇指大小的玉质管状物。

瞬间，众人屏住了呼吸——这难道就是佛指真骨！

然而，经过鉴定，这只是一枚影骨。影骨，是按照真骨的形状和大小，用玉石仿制的。

队员们有点儿失望了，他们又将注意力集中到了汉白玉灵帐上。

灵帐里面放着一个铁函，铁函里面装着一个鎏金双凤纹银棺，用丝绸包裹着。

解开包裹的丝绸，打开小银棺，又发现了一个玉质管状物件。

这会不会是佛指真骨？

第五章　隋唐五代，遗迹纷繁

鉴定下来，这还是一枚影骨。

佛指真骨究竟藏在哪里？

考古队员又把希望寄托在了另一个铁函上。这个铁函是在后室秘龛中发现的。

大家又依次打开铁函，里面还套着鎏金银函、银包角檀香木函、嵌宝石水晶椁，最后是小小的玉棺。打开玉棺，里面有一枚带有裂纹的遗骨，色泽微黄，有蜡质感。

经鉴定，这是一枚真骨。它便是大家苦苦寻觅的无价之宝——真身舍利！

这枚佛指舍利，是目前世界上经考古发掘、文献记载和碑文证实的真身舍利。它的发现，轰动世界。

舍利，并不单指佛和高僧的灵骨。有的高僧死后，他们的遗体不腐烂，也是舍利，称为肉身菩萨；而且，不仅佛教修行者有舍利，行菩萨道的出家人也有舍利。

日本发现了4具肉身舍利。20世纪60年代，日本对此进行了研究，找到了肉体不坏的答案：首先，想要修成肉身舍利，必须学会挨饿；其次，在修炼的初期，必须每天进行锻炼，消耗体内脂肪、减少肌肉；后期，停止锻炼，长期打坐，使新陈代谢降到最低。这样一来，人就变得骨瘦如柴，没有多余的脂肪，也没有丰厚的肌肉，

▲武则天赐予的绣裙残遗

▲龛中供奉的佛指舍利

这给死后尸体不腐创造了条件。

这样还不够。在僧人临死之前，还要按严格程序，进行一系列的准备工作。譬如，喝一些漆树汁煎出的茶水，这种茶水会使人大量出汗、排尿甚至呕吐，使体内的水分大量流失。这也为死后尸体不腐创造了条件。

另外，还要吞食温泉附近的一种沉淀物。这种沉淀物中含有有毒元素——砷，它可以杀死体内的细菌等。以上这些措施，都有助于尸体不腐。

在中国佛教名山九华山，就保存着千百年前的僧人肉身。这些肉身没有任何防腐设施，却至今毫无腐烂迹象。

这种使尸体千年不腐的秘诀，与当地的一种葬俗有关。它叫"缸葬"。

僧尼死后，尸体会被放进很大的瓦缸里面，摆放成参禅的姿态；之后，用木炭围起来。假如尸体在缸内腐烂，传出腐臭味，就点燃木炭，把尸体火化。假如没有腐臭味，就说明尸体完好，就不用烧木炭了。

3年后开缸，尸体就成为"肉身菩萨"了。然后，取出

▼阿育王塔上的精雕

肉身，涂上漆。再过3年，再涂上金粉。这样一来，尸体与外界就基本隔离开来，得以长久保存下去。

舍利，在佛教中受到至高尊崇和供奉。它在佛教传播的过程中起到了重要作用。

扩展阅读

乾陵是世界上独一无二的合葬陵，埋葬着唐高宗李治、女皇武则天，两朝帝王，一对夫妻。乾陵有100多幅绚烂多彩的壁画，为研究唐朝绘画、服饰、风俗、建筑等，提供了重要参考。

◎长安一夜，千年一页

长安是西安的古称，是中国四大古都之首、世界四大古都之一。

先后有21个王朝和政权在长安建都。历史上最强盛的两个朝代——汉朝和唐朝，都以长安为都城。当时的长安，是世界上最大的都市。

在长安一带，很早就有了人类活动的迹象。早在100万年以前，蓝田人就在这里生存；7 000年前，出现了原始的简陋城垣；6 000年前，形成了一个相当于40个标准足球场大小的聚落；2 000多年前，开始筑城，取名"长安城"，寓意"长治久安"。

公元前202年，汉朝的开国皇帝刘邦想要确定一个都城。最初，他想把都城建在洛阳。大臣娄敬反对，提议应定都关中。其他文武大臣七嘴八舌，议论纷纷，大都倾向于洛阳。

▶荒野中的大足石刻

刘邦拿不定主意，征求智囊张良的意见。

张良给他做了分析，说洛阳城只有几百里，四面都是平原，很容易遭受攻击；但关中就不一样了，关中有函谷关，有陇蜀的千里之土，若有人来犯，可从3面防守，若敌人从东方来犯，还可顺流而下。

刘邦恍然大悟，采纳了娄敬和张良的建议，在关中定都，具体地点就是长安。

汉武帝时期，张骞出使西域，开辟了丝绸之路。长安城就此成为连接欧亚的桥梁，商贸往来，盛极一时。

长安城在最鼎盛的时期，有居民8.8万多户、24.6万余人，相当于罗马人口的4倍；光是城门，就有12座；主要街道，有8条，最长的街道有5.5公里；宫殿鳞次栉比，有长乐宫、未央宫、桂宫、北宫和明光宫等；城西还有皇家园林上林苑，内有昆明池和建章宫等。

隋朝建立以后，汉长安城历经战乱，变得破败不堪。隋文帝便在汉长安城原址，另建了一座新城，叫"大兴城"，定都在这里。

到了唐朝，"大兴"又被改为"长安"，还进行了扩建，增加了大明宫等宫殿。

唐长安城气度非凡，气势惊人。它的面积，有83平方公里，相当于汉长安城的2.4倍；相当于隋唐洛阳城的1.8倍；相当于元大都的1.7倍；相当于明南京城的1.9倍；相当于明清北京城的1.4倍；相当于现在西安城内面积的9.7倍；相当于公元447年的君士坦丁堡的7倍；相当于公元800年的巴格达的6.2倍；相当于古罗马的7倍。

可见，长安在当时是何其繁华的国际大都市。

▲大足石刻中的两个罗汉正在耳语，神情栩栩如生

唐长安城人口密集，是世界上第一个达到百万人口的城市。其中，外国的商人、使者、留学生、僧人等，就有3万人左右；与长安有使节往来的国家和地区，有300多个。

唐长安是东西方文化交汇之地，是商业交汇之地。唐朝的政治、科技、风俗等，从长安传播到世界各地。而西方文化也通过长安，又传播到日本、朝鲜和缅甸等国家。

唐长安城的规划，也很科学，很有特色。它是古代城市建设的代表。日本的平城京和平安京，渤海国的上京，都模仿了长安城，都是长安城的克隆版。

明朝的时候，开国皇帝朱元璋打算把首都迁入关中。他让太子朱标去进行实地考察。朱标接受了任务，认真地考察了长安和洛阳，比较了地形等条件。

朱标很喜欢长安。他觉得，长安的王气甚好、甚美、甚大，其他地方不可比拟。朱标让人画了一幅《陕西地图》，交给朱元璋。

但迁都的事情没能如愿以偿，因为朱标在第二年就病死了，朱元璋年事已高，再也无心考虑迁都。

朱元璋死后，新皇帝因为昔日封地在北京，便迁都北京。长安失去了重新成为国都的机会。

扩展阅读

大足石刻现存造像5万多尊，以释教为主。宋朝的观音造像最多最美，被誉为"中国观音造像的陈列馆"，几乎每一位观音，都体态婀娜，比例匀称，穿戴艳丽。

◎道教的栖息地

武当山坐落在湖北，古人称它为"玄岳"或"太岳"。它是一处生动的自然遗迹，重峦叠嶂，树木丛生，云雾缭绕；宫观、道院、亭台、楼阁等古建筑群，遍布峰峦幽壑。

它很老迈，也很年轻，历经千年风雨，却似岁月无痕。

武当山不仅是绚丽的自然遗迹，也是一处独特的人文遗迹——它是道教的栖息之地。道教大家陈抟就曾睡卧在武当山。

陈抟是河南人，他5岁时，还不会说话，家人都以为他是个哑巴。有一天，陈抟独自在水边玩耍，有一个穿着青衣的妇人走来与他玩耍。妇人自称毛女，她把陈抟抱到一处隐蔽的山中，陈抟口渴时，她不知从哪里拿出一种浆液来，给陈抟喝了下去。

毛女又拿出一本书送给陈抟。临走时，她对陈抟念了一首诗："药苗不满筐，又更上危巅。回首归去路，相将入翠烟。"念完诗，毛女便悠然离开了。陈抟四处寻找，也不见她的踪影。

陈抟回到家里，莫名其妙地突然念了毛女念过的诗。他的父母又惊又喜，把他的开口说话当成奇迹。父母又问陈抟，诗是从哪里听来的？陈抟告诉父母，是毛女教他的，还送给他一本书。他从怀里把书取出来，父母一看，原来是本《周易》。

陈抟认真研读《易经》，几乎达到废寝忘食的地步。

陈抟18岁那年，父母去世了。陈抟把家里的财产全部施舍给了穷苦人家，然后离家而去，到山里隐居。

为探究生命的起源，陈抟创作了《无极图》。后世道教徒都尊他为"陈抟老祖"。

陈抟虽深居密林，但声动四方，达官贵人不远千里来

▲造型可爱的白瓷莲瓣座灯台

寻找他、拜访他。面对这些权贵，陈抟却侧身躺着，连看都不看一眼。众人向他请教，他却鼾声如雷。

后唐明宗听说了陈抟的事，派使者拿着诏书去召请，要陈抟出山做官。

陈抟不愿意，被使者强行带入京城。

皇帝召见陈抟，他直直地站在堂下，并不下跪。满朝文武无比惊愕，心想陈抟要倒霉了。谁知皇帝却没有怪罪，将他送到礼贤馆款待。

陈抟也不出门，早晚只在蒲团上打坐或睡觉。皇帝好几次亲自来看望他，都看见他睡在床上。皇帝没有惊动他，悄悄地回去了。

皇帝多次劝说陈抟做官，并许诺给他重要的职务，都被陈抟拒绝了。皇帝渐渐生气了，恼火起来，但又想不出什么好办法。

丞相给皇帝出了个主意，说现在正是天寒地冻的时候，陈抟坐在蒲团上必然很冷，可派3个美女给他带去美酒，让美女们陪他痛饮暖脚，他经不住诱惑，就会接受官职。

皇帝依计而行。不多时，使者回来报告，说美女与美酒都被陈抟欣然收下了。皇帝很高兴。

第二天，皇帝又派使者去探看情况。使者来到陈抟住处，却只看到3个美女，陈抟不知去向。美女告诉使者，陈抟喝酒后大睡，五更醒来，飘然出门，不知所终。

皇帝闻之，叹息不已，派人到处寻访，但毫无消息。

陈抟离开京都之后，便开始了云游生涯。后来，他到了武当山，一下迷恋上了这里，不愿离去，便入山隐居。

一日，武当山中，突然出现了5位老者。他们来见陈抟，请教《周易》八卦大义。陈抟毫无保留地传授给了他们。

这5位老者鹤发童颜，看不出衰老的迹象。陈抟便向他们讨教养生之道。

5位老者会一种奇妙的蛰伏法，即模仿龟蛇等动物入冬后蛰伏不食的方法。他们把蛰伏法传授给了陈抟。陈抟学会后，有时一连睡几个月都不起来。

有时候，他就睡在干草里。有人来搬草，才发现了他。还有一次，有个人入山割草，无意间瞥见山坳里有一具尸骸，尸骸上堆积了一寸多高的灰尘。此人心生怜悯，打算把尸骸埋起来。等他挖好坑后，就去拖那尸骸。谁知，这一拖，尘土掉落，一个人起来了，那就是陈抟。

陈抟在武当山度过了20多年，又去了华山的九石岩。九石岩云烟如翠，他自言自语道："这就是毛女所说的'相将入翠烟'吧！"然后，他盘腿打坐，右手支撑面颊，闭上双眼，静静地死去了。

由于陈抟长期隐居武当山，武当山变得极为有名，成了道教圣地。

"武当"这个名字，源于先秦。到了汉末、魏晋、隋唐，求仙学道的人多了，便都涌向武当山，在这里静心修道。

唐朝之后的五代，当陈抟隐居的时候，武当山已经遍布各朝各代的建筑遗迹，历史气息浓厚。

宋朝的时候，道教将传说中的真武神与武当山联系起来，把武当山推崇为真武神的诞生地、飞升地。

明代的时候，武当山道教文化趋向鼎盛。皇帝非常重视，把武当山道场作为皇室的家庙。

所谓"北建故宫，南建武当"，一点儿也不过分。武当山也被誉为"天下第一名山"。

扩展阅读

钧台钧窑遗址长1 100多米，文化堆积层厚1~2米。钧窑初创于唐，盛于宋末；窑为圆形、马蹄形，窑内温度达1 200℃以上，可利用氧化焰转还原焰，产生窑变。

第六章
宋元明清的人文遗迹

从宋元到明清，朝代更迭，政权交错，出现了一些风格特异的遗迹，既有迥异的陵寝遗迹，也有繁华的都市遗迹，还有惊人的科学遗迹。许多遗迹都独一无二，比如元大都，它的城市布局，正是今天北京城的基本格局；比如观象台，迄今仍是世界上最古老的天文台之一。

◎大漠中，辉煌的废墟

在宁夏的贺兰山东麓，有一处风格独特的陵园——西夏王陵。

它有9座帝陵，253座陪葬墓。这些墓葬，像一个个有棱角的土包，看起来又壮观又怪异。虽然墓葬都已破损，但那些破砖碎瓦，却讲述着一个王朝衰败的故事。

神秘的西夏王朝，一度有过宏伟的宫殿和众多的寺庙，但现在已经销声匿迹，只留下了残垣断壁和残碑碎片。

在王陵的一块石碑上，刻着一种奇怪的文字。看着很像汉字，却又不是汉字；字形方整，乍一看，似乎都认识，仔细一瞧，简直就是天书，一个也不认识。这就是西夏文字。

西夏文字很难懂，就连古人都很头痛。宋朝末年，并存着4个政权，分别是宋、辽、金、西夏。西夏最为弱小，先后向宋、辽、金俯首称臣。这3个政权瞧不起西夏，又觉得西夏文字难懂，在记载史料时，常常把西夏忽略掉。

到了元朝，元朝的史官写了《宋史》、《辽史》和《金史》，可是，唯独没有写关于西夏的史书。这也是因为西夏

▼西夏王陵遗址（左）

▼馒头状的西夏古墓（右）

文字实在难懂，写起来难度很大。

　　这就使西夏被湮没在了历史深处，神秘而鲜为人知。直到考古学家把目光投向西夏王陵，把西夏文字破解之后，

◀西夏特有的迦陵频伽

◀西夏供养人

关于西夏的面目，才逐渐清晰了。

西夏的崛起，经历了一个漫长而艰难的过程。

西北的羌族人，是西夏远祖。唐朝初年，以游牧为主的党项羌人，通过不断兼并，形成了细封氏、费听氏、拓跋氏等8个部落，被称为"党项八部"。这8个部落，最小的也有几千人马，最大的甚至有一万多人马。其中，最为强盛的是拓跋氏。

唐朝末年，起义军攻打朝廷。党项族出兵助唐，联合唐军击败了起义军。唐朝皇帝大悦，封党项首领为夏国公，赐国姓李。

从此以后，拓跋氏就有了领地，并且手握正式兵权。

到了北宋，党项人仍然依附朝廷，朝廷也在拉拢党项人。但是，朝廷注意到了党项想要独立成国的苗头，便削弱党项的力量，迫使党项首领李继捧交出兵权。

然而，由于朝廷的疏忽，忘了一条漏网之鱼——这便是李继捧的族弟李继迁。

▲ 天书似的西夏文字

李继迁智勇双全，擅长骑射。有一次，他带着10多个部下去密林中狩猎，无意中发现一只老虎。他躲在树上，搭弓射箭，只一发便射中了老虎的眼睛。

朝廷忽略了李继迁，李继迁便以埋葬母亲为借口，带人来到斤泽，招兵买马，扩充实力，公然挑战朝廷。

朝廷为安抚李继迁，任他为定难军节度使，管辖五州。李继迁又归附了朝廷。

有一年，李继迁进攻吐蕃。吐蕃的一个酋长前来投降，李继迁很高兴。李继迁的部下分析，这个酋长是假降，并劝说李继迁乘此机会杀掉酋长。李继迁被胜利冲昏了头脑，自以为天下无敌，根本不听。

第六章 宋元明清的人文遗迹

他带人来到酋长那里。酋长把军队排列在校场上，请李继迁前去检阅。李继迁在检阅时，酋长突然对他放了一支冷箭，射中了他的左眼，眼球被射破。一见李继迁受伤，吐蕃兵立刻蜂拥而上。好在有部下拼死救护，他才逃回了灵州。不久去世，年仅42岁。

李继迁的一生，为西夏王朝的创建打下了基础。

李继迁死后，其子继位；之后，其孙继位。这就是李元昊。

李元昊从小就勤奋好学、多才多艺。他继位后，审时度势，凭借自己的优势，不断扩张疆域。公元1038年，李元昊称帝。于是，西夏王朝正式诞生了。

然而，好景不长。强悍的蒙古"苍鹰"成吉思汗崛起了。成吉思汗带领蒙古铁骑四处进犯，西夏也未能幸免。

西夏人不肯屈服，顽强抵抗。成吉思汗一时难以征服倔强的西夏人，恼怒不堪，恨之入骨。成吉思汗临终前，

◀神秘的西夏双身佛

◀西夏贵族女子像

◀独特的西夏耳饰

特意留下遗言，要彻底消灭西夏。

于是，蒙古铁蹄开始疯狂践踏西夏领土。他们在攻进西夏都城后，进行了惨无人道的大屠杀、大抢劫；还放火焚烧了西夏的宫殿、珍贵的史籍、贺兰山下的皇家林苑。

蒙古人对西夏的毁灭，是彻底不可挽回的。他们不仅把讲党项语、穿党项族衣的人全部杀掉，还将"西夏"改为"宁夏"。

西夏的历史被抹得一干二净。这在战争史上，是非常罕见的。

西夏王朝共有10位皇帝，统治时间为190年，存世较短。若无西夏王陵遗迹，它将成为一个无解之谜。

扩展阅读

汉朝敦煌长城烽燧遗址，伫立在戈壁滩上。周围有盐碱沼泽，长城遗址上，每隔5~10里，就筑有一座方形的烽火台，内遗粮食、麻纸、毛笔、石砚、丝织残片、麻鞋等。

◎ 元大都的"地摊"

元大都遗址位于北京，面积约50平方公里。700多年前，一个意大利人来到这里，惊奇不已。他这样描述道："凡世界上最为稀奇珍贵的东西，都能在这座城市找到，特别是印度的商品，如宝石、珍珠、药材和香料。"

这个意大利人便是旅行家马可·波罗。

马可·波罗的家族，世代经商，他的父亲和叔叔又都是著名的旅行家。公元1271年，17岁的马可·波罗从威尼斯出发，跟随父亲和叔叔等人前往中国。

他们越过浩瀚的地中海，进入黑海，再沿着两河流域，抵达巴格达。之后，他们打算到伊朗南部的霍尔木兹，从那里乘船从水路直接去中国。

临行之前，他们去镇上买东西，不料却被一群海盗盯上了。当天晚上，海盗突然闯进来，将马可·波罗等十几个人全都抓起来，分别关在了不同的地方。

马可·波罗的父亲在夜深人静时，趁海盗不注意，带着马可·波罗逃跑了。

他们四处找人，想营救其他人。等他们赶回来的时候，海盗畏罪逃跑，马可·波罗的叔叔得救了，其他人却

◀夜色中的元大都遗址

▲元大都遗址的水面上，重重落叶显示着时光的痕迹

下落不明。

3个孤零零的人，并没有因此而放弃旅行中国的计划。他们来到霍尔木兹，等待开往中国的轮船。

两个月过去了，始终没有等到通往中国的轮船。于是，他们决定改变路线，从陆路前往中国。

从霍尔木兹到中国，是一条漫长而险恶的路。他们朝着东方，一路艰难地走下去。沿途穿越了荒无人烟的伊朗沙漠，翻越了异常寒冷的帕米尔高原……一路风尘，克服了许多难以想象的困难，经历了无数次生死考验。但病痛、饥渴、寒冷，都未阻挡住他们东进的脚步。

经过漫长的跋涉，他们终于见到了一片原野：那是中国的新疆地区。

他们激动的心情简直无法形容！疲惫的身躯仿佛注入了无穷的力量，他们忘却了一切艰难困苦，迈开步子，踉跄着奔跑起来。

功夫不负有心人，他们终于穿过了河西走廊，到达了元朝的都城。

看到元大都后，这个都城的繁华，令他们惊呆了。马可·波罗受到极大触动，他在《游记》里写道："全城的设计都用直线规划。大体上，所有街道全是笔直走向，直达城根。一个人若登城站在城门上，朝正前方远望，便可看见对面城墙的城门。城内公共街道两侧，有各种各样的商店和货摊……整个城市按四方形布置，如同一块棋盘。"

元大都的街道，经纬分明，规划整齐。在相对的两个城门之间，有大道相通。元大都极其热闹，商市分散在皇城四周，以及城门口。在这些地方，到处都是商贩。有的人简单地把货物摆在地上，大声吆喝叫卖。这种见缝插针

的小地摊，使元大都如同一幅活色生香的图画。

元大都的东城区，是衙署、贵族住宅集中地。这里的商市更多，有东市，有角市，有文籍市，有纸札市，有靴市等。由于此处富人多，商品倾向于满足他们的需求，地摊相对少一些，但仍然拥挤。

在北城区，有个海子。海子是南北大运河的终点码头，商业极为繁荣。而海子北岸的斜街，更为热闹，各种货摊都汇集于此。如米市、鹅鸭市、面市、帽市、缎子市、皮帽市、金银珠宝市、铁器市等，包罗万象，无所不有。除了商铺，这里也有密密麻麻的小地摊，有各种奇巧之物，只有想不到的，没有看不到的。

钟楼大街也是个热闹处。它在鼓楼附近，有一处贫民出卖劳力的市场，叫"穷汉市"。这也是一种人才市场。

在西城区，还有牛市、马市、羊市、驴骡市、骆驼市。这是牲口交易市场，居民层次要低些，多是围着牲口转的平民、村民。

南城区有蒸饼市、车市、果市、菜市、草市等，也有丰富的地摊文化。

在元大都经商的人，不只本地人，几乎世界各地的人都有。马可·波罗在细致地游览后，写道："做生意的不但有中国境内的豪商巨贾，还有远自中亚、南亚的商人……"

他还描绘了商人们繁忙的景象："用马车和驮马载运生丝到京城的，每日不下一千辆次。"

▼元大都示意图

▼元朝青白玉龙首螭纹带钩

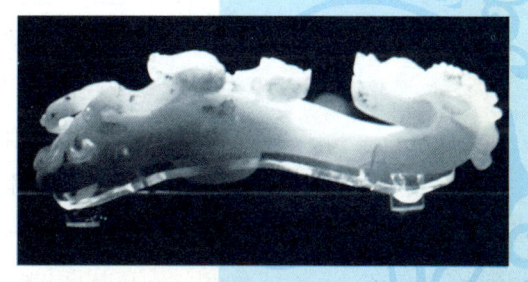

▶元朝双凤麒麟图雕

▶元大都遗址内的铜钱

　　元大都还"盛产"胡同。在元大都的主道两侧，等距离地列着许多胡同。胡同宽约6～7米，相邻的两城门之间有22条胡同。

　　这是元大都规划的统一格式。元大都街道的布局，形成了今天北京城的基本格局。

　　城墙、城门、护城河，构成了元大都的城防体系。城墙外，覆盖着苇席，因此又叫"苇城"。城墙为土墙，考虑到土墙容易被雨水损坏，朝廷便用苇席盖住了墙体。到元文宗的时候，城内发生动乱，朝廷担心起义军放火焚烧苇席，又把苇席揭掉了，只剩下裸露的土墙。

　　元朝灭亡后，元大都废弃，今天，只能通过它的遗迹，回想它曾经的辉煌。

> **扩展阅读**
>
> 　　重庆悬棺遗迹是五溪蛮人留下的。悬棺离水面几十米，在悬崖绝壁上，密如蜂房。悬棺葬要把人吊至半空凿穴，再把棺柩吊上安放。工程艰巨，唐宋人称之为"神仙之举"。

◎明朝的报时中心

在北京南北中轴线的北端，有一座蔚为壮观的古代建筑——钟鼓楼。

钟和鼓，都是一种乐器，后演变成了报时的工具。在汉朝，便有"天明击鼓催人起，入夜鸣钟催人息"的报时制度。那个时候，中国已有钟鼓楼了。

▶明英宗朱祁镇像

唐朝时，作为司时中心的承天门上，就设置了钟鼓。早晚开启各坊门及宫门，都要依据承天门的钟鼓声。

元朝时，有了单独用于报时的钟楼和鼓楼。

这是一个史无前例的创举。因为在此之前，每逢报时，都要有人在里门、市楼、谯楼、城楼等处拼命擂鼓，折腾得要命；发明了单独的钟楼、鼓楼后，二楼中，设有铜壶滴漏、鼓角，就不用甩开膀子擂鼓报时了。

可惜，二楼后来被一把大火烧毁了。

到了明朝时，重新建造钟鼓楼。不幸的是，遭到了雷击，再度被烧毁。于是，又进行第三次的重修。

钟鼓楼的钟声，不但具有报时的作用，对于明英宗朱祁镇来说，那悠扬的钟声还蕴含着特殊的意义。

明英宗朱祁镇的经历，在众多的皇帝中，算是独特而曲折的了。他在20多岁时，受太监怂恿，去御驾亲征蒙古兵。出兵不利后，他的20万大军几乎全军覆没，他成了俘虏，被蒙古兵挟持到大漠深处。他被幽禁、折磨了一年，等到被释放回去的时候，朝廷已发生剧变，他的同父异母的弟弟朱祁钰，取代他做了皇帝，他被迫当上了太上皇。

朱祁钰唯恐朱祁镇复位，便将朱祁镇软禁在南宫。南宫里的原班人马被全部肃清，南宫外面的树木也被砍光，形成一条隔离带，将朱祁镇隔绝起来，禁止任何人去探望。另外，还派来禁卫军看守。宫门也被锁上了，灌了铅，食物只能通过小洞递进去，饭菜基本都是腐败变质的。纸笔被严格控制起来，以防止朱祁镇与外面的大臣们串谋。朱祁镇的钱皇后也一起被囚禁，过着悲惨的生活。为了活下去，钱皇后依靠做针线活，让侍卫送出去换取食物。

朱祁镇被囚禁的第七年，朱祁钰得了重病。大臣石亨、徐有贞等人秘密商议，准备趁机救出朱祁镇，夺回皇位。

一天夜里，石亨和徐有贞带着1 000多个禁卫军，偷偷进入长安门，来到南宫。他们用一根巨大的木头撞门墙，

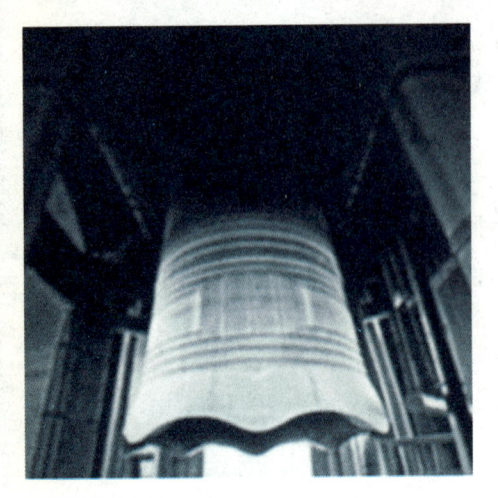

▲ 钟鼓楼的大钟

撞了半天都没撞开，就不敢再撞了，怕动静太大，引来其他禁卫军。于是又去敲门，敲了半天也没人应，好在也没人过来质问。于是，一些禁卫军翻墙进去，里外一起凿墙。墙被凿出了一个大洞，众人便从洞里钻了进去。

南宫内，冷冷清清，只有一两个太监，不敢上前搭话。

这时，却见朱祁镇一个人举着灯火，从容地走出来。朱祁镇镇定自若地问道："何人？"

众人齐刷刷地跪下，说："请陛下复位。"朱祁镇停了停，微微点了一下头。

众人让朱祁镇坐上乘舆，禁卫军在抬舆的时候，由于过度紧张和恐惧，浑身颤抖，几乎举不起乘舆。石亨和徐有贞急忙跑过来，一同扶住乘舆。朱祁镇始终神情自若。

一行人拥着朱祁镇走出东华门，进入皇宫。突然，一些御前侍卫冒出来，拦住他们，厉声问道："何人深夜在此？"

众人吓得不行，愣在那里，没人敢上前搭话。坐在乘舆上的朱祁镇轻轻撩开软帘，道："我是太上皇帝。"

侍卫们听了，面面相觑，不知怎么处理，待在原地，眼睁睁地看着乘舆进去了。

就要进入太和门的时候，又遇到了一些侍卫的拦截。其中一个侍卫十分生猛，他拿起兵器，二话不说，就要砍杀走在最前面的徐有贞。徐有贞顿时吓得魂飞魄散。

朱祁镇从容面对，一声喝止了。

乘舆终于进入了太和殿，朱祁镇走下乘舆，端坐到龙椅上。

正在此时，只听远处的钟鼓楼骤然响起浑厚的钟声。

原来，徐有贞等人事前早已安排好，只要朱祁镇一坐上龙椅，就敲响钟鼓，以此来告诉文武百官：太上皇已复位。

悠扬的钟鼓声，响彻在京城的夜空里，它预示着一件惊天动地的事情发生了。文武大臣们豁然惊醒，慌慌忙忙地起床，匆匆奔向太和殿。当他们看到龙椅上端坐着朱祁镇时，惊愕万分。在进退两难的情况之下，只得朝拜。

就这样，在钟鼓楼的钟鼓声中，一个权力的更替完成了。

朱祁镇面色镇定，内心却感慨万端。钟鼓楼之于他，不仅有报时功效，还有了亲切的含义。

在古代，一夜分为五更，每更一个时辰，相当于现在的2个小时。晚上7点至9点叫定更，9点至11点叫二更，11点至凌晨1点叫三更，凌晨1点至凌晨3点叫四更，凌晨3点至凌晨5点叫五更。每到定更时，钟鼓楼就先击鼓，再敲钟，提醒时人睡觉；二更到四更末，只撞钟不击鼓，免得影响睡眠；凌晨5点的时候，先击鼓，后敲钟，提醒起床。

钟鼓的敲击方法是：先快速敲击18响，再慢击18响，共击6次。

清朝的时候，报时次数少了，只报夜里两个更时，由两个更夫分别登钟楼和鼓楼，先击鼓后敲钟。

元明清三朝，文武百官上朝，百姓生息劳作，都以钟鼓声为标准。

清朝灭亡后，钟鼓楼失去了报时功能。但作为报时遗迹，它仍屹立着，昭示着一段文明史，一段科学史。

为什么昭示科学史呢？

因为它的科技含量很高。

钟楼，是大型单体建筑，它的东北角，

▼运用织物回潮率修复的古丝织物

有一个小券门，有共鸣、扩音和传声的功能。这是一种科学的设计。楼内的木架上，悬挂着重达63吨的铜钟，钟壁的厚度，在12~24.5厘米，都由响铜铸成。这使得撞击时，声音浑厚绵长，10多里远的地方都能听见。它是最早的、最重的古钟。

鼓楼，有鼓25面，1面代表一年，24面代表24个节气。鼓楼反映了季节变化和农耕生活。

鼓楼上，有碑漏和铜刻漏。这是一种计时器。碑漏里，有12根铜管，最后一根铜管下，有铙片。碑漏上，有一个投球孔，每过24秒，铜球就通过铜管一次，然后击铙报时。36个球用时正好是14.4分，即古时候的一刻。当3 600个球滚动完之后，恰好是24个小时，极为科学。

扩展阅读

古墓中的纺织品不易保存。为使脆化的织物能恢复一定的柔韧性，便于揭取，可采用回潮的方式，也就是湿化法；与织物接触的一切都要消毒，以确保不会污染服饰。

◎高海拔上的被弃古城

在西藏的阿里，在高海拔的象泉河旁边，有一座距今1 300多年的古城遗址，乃古格王国遗址。

遗址位于一座黄土山上，显得孤独而神秘。整个遗址，有300多处房屋、洞窟，有3座高10余米的佛塔，另有4座寺庙、2间殿堂和2条地下暗道。整个建筑有三层，上层是王宫，中间是寺庙，底层是民居。在红庙、白庙和轮回庙里，还有精美的雕刻造像和壁画。

通过对这一遗址的研究，鲜为人知的古格王国逐渐浮出了历史的水面。

从宋朝到明朝，古格王国就出现在了象泉河流域。都城就是南岸的札不让。

在札不让，有一个名叫"鲁巴"的地方，是冶炼和制造金银的地方。托林寺及其他24座寺院的金属佛像，都在鲁巴铸造。鲁巴的工匠非常神气，他们用金、银、铜等合炼而成的佛像，竟然没有一丝接缝，比纯金佛像还要昂贵。他们还制作了一种叫"古格银眼"的铜像，更是惊人——铜像的眼睛是用白银镶的，这样一来，就能显得眼波流转，生动传神。这是古格的独门绝技。

古格王国有很多黄金，这让古格人显得很奢侈。托林寺的经书，竟然就是用金银汁写成的。在黑色的纸面上，僧人先用金汁书写，写下一排后，又用银汁书写。就这样，一排金字，一排银字，让经书闪烁着璀璨的光泽，华丽无比，每个字都是

▼藏传佛教中的宗喀巴金像

▼华贵无比的金佛瓶

▼玲珑精致的金坛城

金碧辉煌的。

　　在古格王国的鼎盛时期，云集了来自克什米尔、拉合尔和印度的商人。他们不远千里来到古格王国，购买世界上最纤细的羊毛。他们也带来服装、珊瑚和琥珀等，卖给古格人。

　　与古格王朝关系最为密切的，是托林寺，它由古格王意西沃建立。

　　古格王国建立之初，意西沃想通过佛教维护统治，便派出21名年轻人，去克什米尔学习佛教密宗。到了克什米尔后，炎热的气候，加之瘟疫流行，有19人都不幸死去，只有仁钦桑布和另一个人活着回到了古格，他们也是骨瘦如柴、面色青黄。意西沃为支持他们，让他们有翻译佛经之所，便修建了托林寺。仁钦桑布不负重托，勤勉钻研，成了西藏著名的大译师。

　　意西沃之后，也不断有古格国王派人去印度，迎请高僧到托林寺讲法传教。

　　古格王国就此成了佛教的王国，寺庙众多，贵族僧侣集团的势力也庞大起来，仅是都城的喇嘛僧人，就有五六千人。

　　这个时候，危机显露了出来。

　　藏传佛教的势力，几乎与古格王的势力相当；佛教首领的地位，几乎与古格王的地位相当。国王大为惊悚。

　　为了削减佛教势力，古格王开始倡导基督教，以此来抗衡藏传佛教。

　　以往，古格王出征前，都要由喇嘛首领为他念经和祈福；这之后，就改成读《福音》了。

这样一来，就引起了藏传佛教势力的强烈不满。古格王的叔叔和弟弟，都是佛教首领，他们向古格王提出反对意见，古格王不听。

叔叔和弟弟都急了。一天，弟弟把古格王请到喇嘛寺里，一直不让他走，足足给他讲了两个多月的经。

古格王离开后，很懊恼。当他得知，弟弟还在一天之内就新招了120名僧人，影响了王朝的兵源时，他再也按捺不住了。他一气之下，没收了弟弟的一些土地和收入。他警告弟弟，若弟弟再不悔改，就要被解散侍卫。

之后，古格王强迫僧人还俗，致使原有的5 000～6 000个喇嘛，只剩下了不到100人。

很多僧人都不愿还俗。他们忍无可忍，秘密串联，发动了武装暴动。

僧人们大概是气急了，他们还去克什米尔的拉达克王朝请求帮忙。拉达克王乐得不行，他巴不得马上吞并古格王国，于是，亲率大军，日夜不停地赶来，把古格王宫团团包围了。

古格王宫建在陡峭的山上，山上有暗道，可通河边取水，山上的武器和粮食都很充足。因此，王宫久攻不下。

◀金嵌宝石藏经盒

拉达克军队围攻了一个多月，赶上冬季降临。在高海拔的地带，冬天异常寒冷，空气格外稀薄，不宜久留，拉达克军队便准备撤退。

这时，出现了一个小插曲——古格王的弟弟劝告古格王投降。正好古格王得了重病，又得不到民众的支持，便答应了，主动向拉达克提出议和。

拉达克王激动万分，假装同意，一等古格王走出王宫，就扑上去，把古格王抓捕了。

古格王被囚禁起来，延续了近800年的古格王国，被拉达克攻占了，几乎眨眼的工夫就灭亡了。

古格王国灭亡后，古格都城也变成了废墟，遭到遗弃。这不是拉达克所为，而是朝拜者。

很早以来，阿里就是"圣灵之所在"，古格王国也因此成为朝拜的圣地之一。随着朝拜者蜂拥而来，象泉河谷地的生态环境，变得脆弱，不堪一击。环境遭到了严重破坏，又加上连年战争，水利荒废，大片土地逐渐沙漠化。最后，连古格王国的都城，也被茫茫黄沙侵袭，古格王国只剩下一片断壁残垣，默默地回忆着往日的文明。

扩展阅读

蒲与路故城遗址是金朝的治所，在黑龙江流域。遗址有庖厨，有火炕，长3米，有42个烟洞；有瓮城，出土了石弹、铁镞、烧焦的门楼木板等，表明它毁于战争。

第六章 宋元明清的人文遗迹

◎从海水中长出来的山

在遥远的远古,黄山一带还是一片海洋。经过了漫长的变迁,黄山才从海水中"长"了出来。

距今5.7~4.4亿年,地壳裂变活跃,海平面上升最多。黄山仍旧淹没在浩瀚的大海中。

距今约4.1亿年前,地壳活动加剧,黄山地区上升了,海水退去。黄山地区第一次露出了海面。

此后的5 000万年里,黄山地区都探头探脑在海平面之上。但之后,海水重新涌来,将它再次吞没。海中游弋着数不清的三叶虫。它们附着在黄山上,至今,黄山还遗存着三叶虫化石。

距今2亿年前,地球再度发生重大变化。地壳隆起,海水退去。

距今1.25亿年前,地壳下炙热的岩浆,侵入到了距地表约几千米的地层中。受到温度和压力的影响,岩浆冷却后凝结,形成了黄山花岗岩的雏形。这就是"地下黄山"。

距今5 000~6 000万年,岩浆仍旧不断上侵,黄山逐渐升高了,终于露出了地表,重见天日。

黄山就这样从海水中"长"了出来。它有许多千奇百怪的石头,大约是在100多万年前形成的。

▼苍黑的黄山山体

▲ 黄山的"猴子观海"

黄山的怪石，从不同角度看，会呈现出不同的模样，特别神奇。其中，最"著名"的石头，就有1 200多块。有一块叫"猴子观海"。

关于猴子观海，有一个凄美的传说。

黄山北海的深处，有一个山洞，里面住着一个修炼了3 600年的灵猴，他会三十六变。灵猴喜欢上了一个叫掌珠的女子。女子住在太平县城，姓赵，世代书香门第。一天傍晚，灵猴变成一个书生，来到赵家，要求借宿。赵家将他收留，并准备饭菜招待他。吃完饭后，灵猴向赵家提亲，赵家见他言行不凡，便答应了。

灵猴回去后，把所有的猴子都变成了人形，然后抬着花轿去迎娶掌珠。晚上，灵猴大摆筵席，款待众猴子。他自己很高兴，喝了很多酒，结果显出了原形。掌珠见他全身都是绒毛，吓得要命，慌忙逃走了。

灵猴找不见掌珠，日思夜想。它爬上山洞后面的悬岩，坐在那里，呆呆地望着掌珠逃走的东北方向。天长日久，它就变成了一块石头。

还有两块奇石，叫"仙人晒鞋"。它们像一双鞋，整整齐齐地放在小峰台上，好像是谁特意放在那里晾晒的。

关于它们，也有一个故事。

黄山有个仙都观，住着道士道玄和徒弟太清；还有个紫霞宫，住着道姑炼玉和徒弟妙真。两座道宫之间，隔着西海峡谷。

有一年冬天，山中突降大雪，仙都观里断了火种。道玄叫徒弟太清到紫霞宫去借火种。太清来到紫霞宫，见到了妙真，暗暗地喜欢上了她。妙真也很喜欢太清。此后，两人利用打柴和担水的机会，聚在一起谈心。

他们越谈越融洽，到了如胶似漆的地步，耽误了砍柴和担水。他们的师傅见他们偷懒，就更加严密地看管他们。

他们便偷偷约定,以后,当太清在山门前晒靴,妙真在山前晒鞋的时候,就出来见面。

有一天,两人正在见面,突然被师傅撞见了。道士幽会是不被允许的,他们将面临严厉的惩罚。他们便想,既然生不能在一起,就死在一起吧!

于是,两人手挽着手,从悬岩上纵身跳进了茫茫云海中。

他们跳崖后,太清晒的靴和妙真晒的鞋,没有来得及收。时间一长,就变成了石靴和石鞋。

黄山是宗教名山。南北朝时,佛教就传播到了黄山。在黄山的崇山峻岭中,修建了很多的寺庵。

黄山原来叫"黟山",是唐玄宗给它改了名字。那还是公元747年,在6月16日这天,唐玄宗听人说,轩辕黄帝曾在黄山修炼成仙,黄山还有与道教神仙有关的山峰。唐玄宗心下大悦,他一高兴,就把黟山改名为黄山。他还把这一天定为黄山的生日。

明朝时,不少文人墨客慕名来到黄山。清朝时,很多人在这里吟诗作画,形成了黄山画派。黄山的文化底蕴更加深厚了。

扩展阅读

薛城遗址在春秋时是薛国都城。遗址有毛遂墓地。毛遂曾自荐出使楚国,促成大事,声威大震,有"三寸之舌,强于百万之师"之美誉。成语"毛遂自荐"因此流传。

◎丹霞地貌：最鲜艳的土地

徐霞客是著名的地理学家、旅行家、探险家。他的大半生，都在旅途中度过。他在没有朝廷的任何资助、完全凭借个人艰苦跋涉的情况下，几乎走遍了名山大川。黄山、泰山、普陀、天台等，都留下了他的足迹；太湖、泯江、黄河等，也都留下了他的脚印。

徐霞客从22岁起，开始了他的漫漫征途。在30多年的考察中，他仅仅依靠双脚步行，一寸寸地走过了大半个中国。

他所到之处，都是陡峭难行的山峰和危机四伏的险滩。其间的艰辛，让人无法想象，若没有坚定的决心和坚强的意志，是根本无法完成的。

徐霞客在徒步跋涉时，身上还背着沉重的行李。他考察的地方，多是偏僻的山村，或荒无人烟的边疆。他冒着

▶鲜艳的丹霞地貌

风雨雷电，顶着严寒酷暑，摘取野果充饥，取用山泉解渴。许多次，他都几乎到了生命的边缘，但最终凭借超强的毅力坚持了过来。

在徐霞客28岁那一年，他来到温州，准备攀登雁荡山。

他看到古书上说，雁荡山顶有个大湖，便想爬到山顶去看个究竟。可是，当他历尽艰辛爬到山顶时，却根本没见到湖，到处都是悬崖绝壁，连落脚都很难。

倔强的徐霞客并不甘心，他继续寻找大湖。当他艰难地走到一处悬崖时，看到无路可走了。他仔细观察，发现悬崖下有个小平台。

那是什么？

他很疑惑，拿出一根布带子，系在悬崖顶的一块岩石上，再拽着布带子滑下去。一到小平台上，他才发现，什么也没有，下面是万丈深渊。他只好返回去。他攀着布带，双脚蹬着悬崖，一步一步艰难地爬向崖顶。突然，意外发

◀蓝天下的红色山体

生了——带子断了。

千钧一发之际，徐霞客抓住了一块突出的岩石，才没有掉进万丈深渊中。他小心谨慎地接上断掉的带子，继续攀爬，最终爬上了崖顶。

徐霞客去黄山考察时，遇到了少有的大雪天气。他去登山前，当地人都劝他放弃，因为有些地方的积雪齐腰深，根本看不到登山的路。徐霞客谢绝后，毅然出发了。

他带了一根铁杖，一边爬山，一边用铁杖探路。登到半山腰时，越往上，山势越陡。尤其是在山坡背阴的地方，路上都结着厚厚的冰块。加之山路极陡，每登一步，都有滑下山崖的危险。但这没有难倒徐霞客，他用铁杖敲打坚冰，凿出一些坑来，然后，踩着坑，一步一步地往上攀登。

当他爬到山上时，突然发现，山上有一些僧人。僧人见了他，惊讶万分，不知他是怎么上来的，因为这场大雪已经把他们困住好几个月了。

徐霞客曾先后5次翻越武夷山。公元1616年，徐霞客到武夷山考察，在这里游历了3天，并留下记录。他的这次记录，具有重要的意义，对地貌研究起到了促进作用。

在距今1.4亿年前，武夷山发生了剧烈运动。武夷山当时还是一个内陆湖盆，岩石在风化和侵蚀作用下，不断地掉落碎屑，碎屑随着水流到湖盆里，沉积下来。由于气候干热、自然氧化，便形成了红色或紫红色的"红层"。

红层地貌，就是著名的"丹霞地貌"。

武夷山的红层，受地壳断裂的影响，从而发育。这些断裂构造，加速了岩石的风化、流水的侵蚀，使得武夷山出现了奇峰深壑，姿态万千。

徐霞客来到武夷山后，第一次看到红层，惊讶不已。明朝还没有"丹霞地貌"的说法，他也不知道这就是丹霞地貌。但是，他经过了3天的考察，敏锐地意识到，

▲明朝出土的金托玉爵

▲明朝嵌珠宝龙纹金托金爵

红层与地壳运动之间有内在的联系。他由此推断出了武夷山形成的原因。

徐霞客是世界上第一个记录丹霞地貌的人，他用"青紫万状"、"霞翎朱顶"来形容丹霞地貌，美丽至极。

他的勘察，对研究武夷山丹霞地貌，起到了承上启下的作用。

在他之后，又过了280多年，中国的一位地质学家才注意到这些红层，意识到这是一种独特的地貌，遂用"丹霞层"来命名。

"丹霞夹明月，华星出云间。"这是三国时曹丕的《芙蓉池作》中的诗句。地质学家借用"丹霞"一词来形容这种特殊地貌，可见其美。

徐霞客为考察武夷山，付出了异常的艰辛。他走过了大王峰的百丈危梯，走过了白云岩的千仞绝壁，走过了接笋峰的"鸡胸"和"龙脊"。

当他登上大王峰的时候，已接近黄昏，一片昏暗，找不到下山的路。他只好抓住悬崖上的荆棘，胡乱地坠落下去。

他在登上嵩山的太室绝顶后，也是这样下山的。

徐霞客还攀登过湘南的九嶷山。他听说，九嶷山有个很有名的飞龙岩，便决定前去。他请当地的一个叫明宗的和尚当向导，带着火把一同前往。

飞龙岩是个幽暗的大洞穴，里面地形复杂，到处都是深坑和积水，行走起来相当困难。徐霞客坚持往里走，鞋子掉了也不退缩。明宗劝他放弃，他不同意，继续深入。后来，火把快烧完了，他这才依依不舍地走了出来。

徐霞客每天都坚持写考察记录。不管有多劳累，也不管是在破庙里还是露宿野外，他都坚持这个习惯。

后人把他的记录整理出来，取名《徐霞客游记》。

这本书，是一本地理学巨著，探索了大自然的奥秘，

遗迹，文明的基因

寻找了大自然的规律，得出了许多科学的地理学结论。

在他那个年代，没有专业的科学考察仪器，他完全凭借个人才智和努力，进行专业的考察，结论大都符合科学原理。

公元1636年，51岁的徐霞客进行了人生中最后一次考察。

他坐在湘水的一艘客船上。那是一个雨后初晴的夜晚，月光皎洁，他正准备入睡。忽然，人声嘈杂，一伙强盗忽地窜上了船。船上到处都晃动着火炬和刀光剑影。眼看就要大难临头，他只能纵身跳入水中，逆流而上，一路游走，被其他船只搭救上来，躲过了一劫。

徐霞客的行李和盘缠都被抢去了。好心人劝他回乡去，并送给他回家的路费。他婉拒了，说："我随时带着一把铁锹，什么地方都可以埋我的尸骨！"

徐霞客坚定地走下去，一直走到了中缅交界的腾越。

公元1640年，他才返回故乡。回家没多久，他就病倒了。即使在病中，他也时常翻看自己收集的岩石标本。直到临死前，他手里还紧紧地攥着两块石头，那是他在腾越考察时采集的。

> **扩展阅读**
>
> 明朝定陵有顶金冠，用150根细如头发的金线编成；还有4顶凤冠，其中一顶镶有3 500颗珍珠和150块宝石。京剧头冠来自明朝，这些原件堪称世界上最昂贵的戏装。

第六章 宋元明清的人文遗迹

◎ 活着的风水

北京燕山山麓的十三陵，是明朝皇帝的墓葬群。这里，埋葬了13个皇帝、2个太子、23个皇后、30多个妃嫔、1个太监。

明朝为什么选择此处为皇陵呢？

答案是：风水术士认为，此处风水好。

此处面南而开，处于盆地中央，平原舒展，林茂水清，

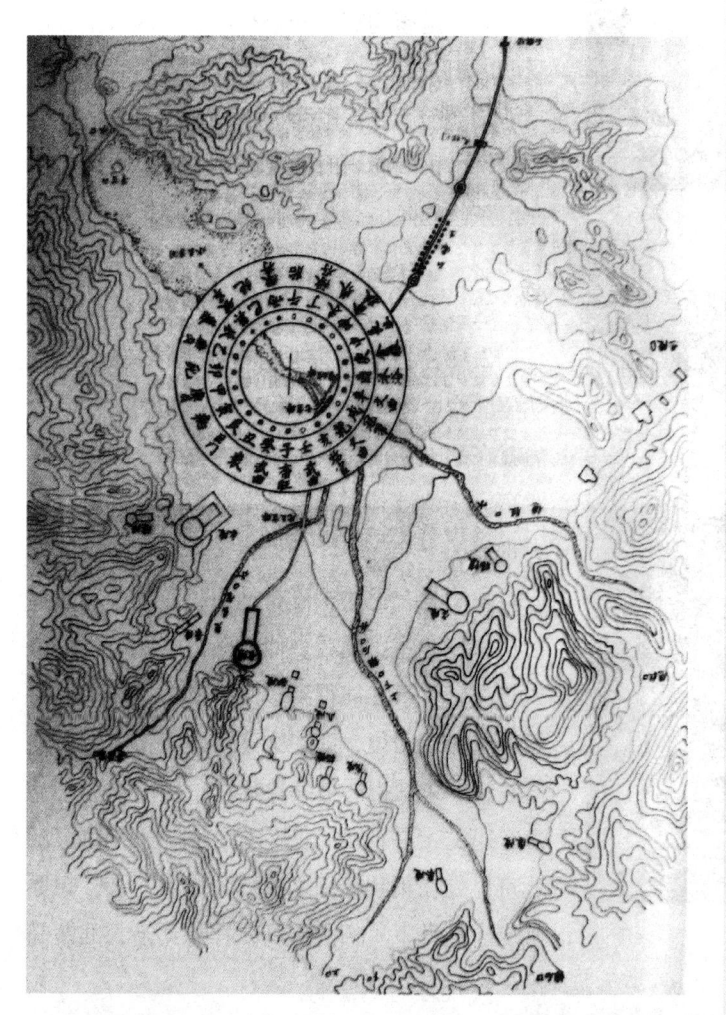

◀十三陵各墓葬风水图

▲永乐皇帝朱棣画像

▲万历皇帝朱翊钧画像

四周群山环绕。

在600多年前,此处被称为黄土山,有一个中年男子曾在此考察。他徘徊在密林深处,久久没有离去。此前,他几乎走遍了北京郊外的所有的名山,他觉得哪一座山,都不如这座黄土山。

他自言自语地说:"这是个风水宝地,可保万年基业。"

他是谁?他到黄土山来做什么?

此人是廖均卿,一个有名的风水术士。他受明成祖朱棣之命,为病逝的徐皇后寻找风水宝地。他前后寻找了两年,终于找到了这里。

可是,明朝当时的都城在南京,为什么不在南京修建陵园,却偏要千里迢迢地跑到北京来呢?

这与永乐皇帝朱棣的崛起有关。

朱棣在11岁时,被封为燕王;在21岁时,就藩北京。当时北京还很荒凉,元朝的残余势力就在那一带活动,军事实力很强,时刻威胁北京。朱棣被分封到这个军事重镇,肩负着重大责任。

朱棣没有畏怯,没有抱怨,而是冒着大片雪花来到北京。之后,他不断地与元朝残余势力作战,军事才能得到极大提高。不久,他的侄子朱允炆即位,即建文帝,建文帝实行了削藩政策,朱棣担心被解除兵权,日夜不安。

建文帝在他的燕王府附近,布满了眼线;北京也处在重兵包围之中。朱棣不甘心,想要谋反。他私下里招兵买马,操练兵士,准备伺机起事。

第六章 宋元明清的人文遗迹

建文帝得知朱棣的一些蛛丝马迹后，更加不放心了，监视更加严密起来。建文帝的眼线发现了朱棣的迹象，报告给建文帝。建文帝便将朱棣训斥了。

朱棣为了掩盖真相，想到了一个迷惑建文帝的计谋——装疯。

他经常在大庭广众之下乱跑、乱喊，有时甚至还躺在大街上睡觉。

建文帝起初不大相信，就派出两个人前去侦察。二人来到燕王府时，见朱棣在大热天里，猥琐地坐在火炉边，浑身筛糠似地抖。在走路的时候，朱棣也拄着拐杖，踉踉跄跄，疯疯癫癫。二人便告诉建文帝，说朱棣真疯了。建文帝略略放了心，不再对朱棣严密监管了。

朱棣保全了势力。几个月之后，他准备充足，起兵造反，打败了建文帝，篡夺了皇位，年号永乐。

当上皇帝后，朱棣一想到北京是自己崛起的地方，就充满了感情。他把北京当成龙兴之地，因此，打算在北京修建陵墓，特派廖均卿等人前去勘探风水。

按照风水学说，北京确实是个宝地：山脉好似从云中穿来，前面环绕的黄河、泰山像一条龙盘亘在左边，华山像一只虎耸立在右边，嵩山则像一个台子摆放在面前。看起来，北京就像处在宇宙的中心。

◀定陵出土的金顶枕

廖均卿说话更有煽动性，他从黄土山回来后，神秘兮兮地告诉朱棣，北京黄土山的星图，预示吉祥。

朱棣大喜，命人在黄土山修建陵墓。黄土山的名字太土了，他还改名为天寿山。

明朝很信奉风水，对于风水与星相的关系，更加重视。到了万历皇帝朱翊钧的时候，仍然很看重这一点，就连死者的葬姿，也要与星相联系起来。

朱棣是明朝的第三位皇帝，朱翊钧是第十三位皇帝；长陵是朱棣的陵寝，定陵是朱翊钧的陵寝。在十三陵中，唯一已发掘的陵墓，就是定陵。

定陵是万历皇帝朱翊钧和他两个皇后的合葬墓。打开定陵的棺椁时，只见万历皇帝的尸骨呈仰卧的姿势；头朝西，脚朝东；右臂向上弯曲，右手放在头的右侧；左臂下垂，向内略弯曲，左手放在腹部；右腿微曲；左腿直伸。

▼皇陵中奇特的龙纹石刻

再看两个皇后的尸骨，都是侧卧姿势。双腿微曲，成S形，很像北斗七星的排列形状。

万历皇帝和他的两个皇后的葬姿，都非常怪异，在古代墓葬中极为罕见。

万历皇帝和孝端皇后下葬时，用了8 600人抬运棺椁，路程有50公里。一路上，经常更换损坏的绳索和抬杠。棺椁抬到沙河的时候，还断了一根木杠，棺椁右边一角都碰到了地上。所以，有人分析，他们之所以出现这种怪异的葬姿，可能是棺椁在途中颠簸和碰撞所致。

但是，这种观点是不成立的。因为碰撞只能改变尸体的整体姿势，手和脚是不可能发生这种细微变化的。

比较合理的解释是：这是特意摆出的姿势，与星图有关。

之所以两个皇后的姿势，与北斗七星的形状相似，这是因为，古人认为北斗七星位于天空中心，而帝王也居天下之中，若摆出北斗七星的姿势，可使死者吸收周围的风水灵气。

◀定陵出土的金盖玉盂

◀定陵出土的嵌宝石杯盘

古人还把这种星图的理论，落实到具体的山形水势上。他们认为，山脉要呈S形的起伏，河流要呈S形的曲折，这样，就更能聚集灵气；如果一条河连续出现3个S形，那就是非常好的风水宝地。

任何物质都存在气场。地球的自转和公转，以及磁场的变化，都会对山水环境产生影响。古人发现了这种影响，但没有科学认识，而是把这种影响视为一种神秘的力量，并纳入风水学。

定陵的墓道，是"之"字形的，这也和风水有关。

万历皇帝下葬时的入口——明楼，通往地宫。从明楼侧面的小路绕到墓后，那里的墓道很深邃，有些陡峭，从那里下去，到达地宫，要经过这蜿蜒的墓道，转上好几个弯。这就是一种"之"字形的墓道。古人认为，这是吉利的走势。

除了"之"字形，"乙"字形或"玄"字形，也被认为是吉利的；最忌呈直线的走势，寓意"凶"。

▶十三陵的石雕

▶生动的石雕

　　定陵的神道走势，就是一个很大的"玄"字。它凸显在地面上，非常神秘。其实，这种弯转结构，能够使陵墓建筑与周围环境融为一体。

　　在十三陵中，献陵，是明朝第四位皇帝的陵寝。依照礼制，献陵应该位于长陵的左侧。可是，它却位于右侧。这也与风水有关。

当初，朝廷是想把献陵安置在长陵左侧，可是，风水家探测到，地下有太岁！

太岁，即凶神。古话有"别在太岁头上动土"的说法，就是为了回避凶神。太岁在最早的时候，是一种为了便于纪年而凭空设想出来的行星。周朝时，开始盛传太岁主凶。所以，明朝的风水家一测到地下有太岁后，便把献陵安排到长陵的右侧去了。

那么，太岁是否真的存在呢？

其实，太岁是存在的。只是，要在显微镜下，才能看到它。它是一种介于原生物与真菌之间的、一种罕见的白膜菌种。太岁活动在土壤中，又叫肉灵芝，生命力极强。若周围环境不适合，它就会腐烂死亡。

风水学，有迷信的内容，但也是古人最初的生态环境学。古人注重生存和繁衍，相信人死后灵魂犹在，因此，他们希望亡魂也能拥有很好的生态环境。

从风水角度来看，十三陵背后有山，前面有水，的确很环保，是一个没有工业污染的生态场。

古代风水文化中，有一部分体现了人与环境的和谐与平衡，蕴含着意境美、写意美的国家气质，对日本等国具有深远的影响。

扩展阅读

邺城遗址出土了2 895件佛教造型及残件，是近百年来出土最多的佛教造像埋葬坑。邺城是三国时曹操所建，有6个朝代在此定都；东魏北齐时，为中国佛教中心。

◎世界上最高的古道

在云南、四川和西藏"大三角"地带,有一条神秘的古道。古道边,遗存着许多玛尼堆,还有许多岩石。石上有绘画,有雕刻,内容包括佛陀、菩萨、高僧,以及神灵类动物、日月星辰等,看上去庄严而神圣。

它非常曲折,又非常壮美,海拔3 000～4 000米。它是世界上地势最高的文明传播古道之一,被称为"茶马古道"。

在开辟这条古道之前,那里只有近似原始的荒野,山岭陡峭,树木茂密。在那里游牧的藏民,生活艰难。他们吃糌粑、奶类、酥油、牛羊肉,以便抵御高寒。然而,常吃燥热的糌粑,对身体不好,过多的脂肪也不容易分解。海拔过高,又让他们没法种菜。他们无法解决这种饮食结构带来的问题。有一天,一个聪明的人发现,茶叶是个好东西,它能分解脂肪,又可宣泄燥热。于是,一种独特的饮料诞生了,它就是酥油茶。酥油茶就是把酥油和浓茶放在一起加工。遗憾的是,藏区没

▶应县木塔仿品

有茶树，茶叶只能在中原购买。而在中原，对骡马的需求量很大，自产的骡马不能满足民间和军队的需要。这样一来，一种互补性的茶和马的交易产生了，这种贸易往来，被称为"茶马互市"。

第一个由官方组织的茶马交易，出现在唐朝。唐肃宗在蒙古的回鹘地区，设置了茶马市。到北宋的时候，朝廷又在成都和秦州，设置了榷茶和买马司。

渐渐地，茶马互市的内容丰富起来。内地运来了茶叶、布匹、盐等；藏区和川滇则运出了骡马、毛皮、药材等。庞大的商业贸易队伍，在横断山区来来往往，翻越丛林草莽，形成了一条延续至今的茶马古道。

这条古道，是古代商人用自己的双脚踏出来的。他们走在世界上最高的山路上，走在荆棘丛生的蛮荒之地上，踏出了一条绵延千里的古道。长长的马帮队伍，奔波的马蹄声，在山谷中穿行、回荡，惊醒了沉睡已久的丛林。

走在茶马古道上，艰险是超乎寻常的。马帮每次整装出发，都是一次生与死的考验。在险象环生的环境中，马帮锤炼出了生死与共的精神，明辨是非的智慧，随机应变的能力。

他们是商人，更是勇敢的探险家。

古道上，还有一些赶骆驼的商人。他们大多是青海甘肃驮茶的骆驼帮。走累了，他们就卸下茶包，在河滩歇息。他们在河滩上挖坑，埋上铜锅，就地做饭。他们的主食是面食，但没有擀面的工具，他们就把面团一块一块地揪成小疙瘩，扔到烧开的锅里，不一会儿，便煮好了。

唐宋以来，茶马古道是汉藏之间的一条交通要道。它有两条：南面的滇藏道、北面的川藏道。

它还有许多支线。它是一个庞大的交通网络，最远的支线，甚至到达了欧洲。

明朝初年，1匹上等马最多可交换120斤茶叶；明朝中期，1匹上等马可换30篦（按明朝规定1 000斤为330篦）茶叶，1匹中等马可换20篦茶叶，1匹下等马可换15篦茶叶。

　　清朝时，私茶商人多了起来，导致一大堆茶叶都换不来1匹马。朝廷见状，就把官方的茶马交易制度终止了。

　　今天，在茶马古道上，已罕见马帮的影子。回想当年的茶马古道为汉藏贸易往来作出的贡献，为汉藏文化交流作出的贡献，令人感叹。

扩展阅读

　　辽朝佛宫寺释迦塔位于山西应县，也叫应县木塔，是唯一的最高的纯木构大塔。用红松木料3 000立方，2 600多吨重，设计科学，曾经历三次八级大地震，仍岿然不动。

第六章 宋元明清的人文遗迹　201

◎世界上最早的国家天文台

明朝时，德国人汤若望来到中国传教。他很有思想，到了中国后，谦逊地脱下了修士服装，穿上了中国人的衣服。

他把一些从欧洲带来的数理天文书籍列好目录，呈送给朝廷。他还在住地搞展览，陈列他带来的稀奇古怪的科学仪器，引得官员们都来参观。

汤若望的知识，非常渊博，尤其擅长数理天文。他成功地预测了两次月食，很快博得了朝廷的欣赏。

汤若望被召入朝廷，担任钦天监，负责观察天象，推算节气，制定历法。

他还制作了天文仪器，建厂铸造大炮。他在短短的两年时间内，就铸造了20门大炮。

明朝灭亡后，清朝皇帝依旧礼遇汤若望，让他在观象台工作。

和汤若望一起在观象台工作的传教士，有50多人，汤若望担任台长。

这座观象台，建于明朝，遗迹至今还保存着。它是世界上最古老的天文台之一。在明朝时，它叫"观星台"，清朝人改称为"观象台"。观象台内有大型天文仪器，如简仪、浑仪和浑象等等，还有圭表和漏壶。

顺治皇帝很看重汤若望，汤若望经常在宫廷出

◀金碧辉煌的浑天仪

入，偶尔还对朝政提一些建议。顺治皇帝染上天花后，病情严重，无法治疗，临终前，在考虑立谁为太子的事情上犹豫不决。他很信任汤若望，便征求汤若望的意见。

汤若望从科学角度出发，说："一定要找一位得过天花的皇子来继承帝位。"

顺治皇帝深以为然。

于是，顺治皇帝病逝后，得过天花的玄烨便继承了皇位，成为了后来的康熙大帝。

汤若望每天都在观象台，全身心投入到研究中。他向康熙皇帝建议，在观象台改用欧洲天文学的方法计算历书。康熙皇帝同意了。不久后，康熙便命人在观象台建造了6架新的天文仪器，分别是：赤道经纬仪、黄道经纬仪、地平经仪、象限仪、纪限仪和天体仪。这些仪器是实用的天文观测工具，在今天看来，还是绝无仅有的珍贵文物。

▼欧洲浑仪，制作于中国明朝时期

可是，康熙皇帝虽然极力支持汤若望的工作，但是，他只有8岁，尚且年幼，掌握不了实权。而辅政的大臣们又都崇尚儒家，反对西洋学说。所以，他们把汤若望视为眼中钉、肉中刺，指责汤若望罪大恶极；还给汤若望定下3条罪状：蓄谋造反、邪说惑众、历法荒谬。

汤若望年迈，已然中风瘫痪，可还是被逮捕了。一起被抓的还有其他中外数学家、天文学家。朝廷对汤若望等人进行了会审，判处汤若望绞刑。

汤若望终究很有名望，不能随便杀掉。朝廷为了找一个杀死汤若望等人的堂皇借口，公开举行了一次活动，通过中国历法和西洋历法，对日食时间进行预测。

但尴尬的是，根据西洋历法预测的日食时间是正确的。

朝廷自己扇了自己一耳光，颇为不自在。然而，汤若望等人并没有因此被赦，反而加重了罪刑。恼羞成怒的朝廷，判处他们凌迟处死。凌迟，就是一刀一刀割去犯人身上的肉，让人慢慢死去。

第六章　宋元明清的人文遗迹

◀清朝金瓯永驻杯

凌迟的时间是在第二年。在关押期间，出现了一些意外。天上出现了彗星，这让朝廷很慌张，因为古人不解天象，以为是不祥之兆。接着，京城又发生了大地震，宫殿还着了火，皇宫遭到了破坏。朝野上下人心惶惶，许多人都认为这是无辜处罚汤若望等人造成的。此事震动了孝庄太后，太后出面干涉，并下令释放了汤若望。

汤若望得救了。可是，跟随他一起从事西学的汉人，还是被砍了头。一大批数学家、天文学家，就这样被杀了，中国科学史出现了一个断层。

两年后，汤若望病死在寓所里。

他死后的第三年，康熙皇帝长大了，为他平了反。康熙皇帝还下旨，在观象台上增设8件铜制的大型天文仪器，都采用欧洲天文学度量制和仪器结构。

扩展阅读

清东陵有皇陵5座、后陵4座、妃园寝5座、公主园寝1座。这些皇室坟墓依山呈扇形，"百尺为形，千尺为势"，各单体建筑空间组合完美，被誉为"人类具有创造性的天才杰作"。

◎平行的河

金沙江、澜沧江、怒江，这3条大江，气势非凡，源头都在神秘的青藏高原。

3条大江，从源头奔腾后，自北向南，在云南境内并行了170多公里，"江水并流而不交汇"，是世界上极为罕见的自然景观。

三江并流区域，是世界上蕴藏最为丰富的地质地貌博物馆。4 000万年前，印度板块与欧亚板块发生大碰撞，导致横断山脉被挤压、隆升、切割，使高山与大江交错，形成了这独一无二的三江并流。

三江并流存在已久，古人在这一区域的活动，几乎从未中断过。明清时期，这一带还人烟繁盛。但奇怪的是，竟然没有人发现这一地理奇观。直到20世纪初的时候，有一个外国人——英国植物学家和地理学家金敦·沃德，才第一个发现了它。

金敦·沃德到中国后，无意间留意到三江并流。他先后8次进行实地考察，风雨无阻地穿行在横断山区，仔细研究河流的归属、水系的发育和地质地貌。

这8次考察，花费了他40年的时间。他几乎把一生都付诸其中了。

他估计，金沙江、澜沧江、怒江，年径流量的比例大致为5∶3∶2。

他经过探测确定，从怒江经澜沧江到金沙江，最小间距只有80.5公里。

三江并流地区，物种繁多。这一地区的面积，还不到国土总面积的0.4%，可是，它却拥有占全国20%以上的高等植物，栖息着占全国25%的动物种类。滇金丝猴、羚羊、雪豹、孟加拉虎、黑颈鹤等濒危物种，都栖息在这里。欧

第六章 宋元明清的人文遗迹

▶三江并流区域，水势湍急

▶ 曲折奔腾的江水

亚大陆的生物物种在迁徙时，也在这里经过、栖息，甚至在这里避难。这里因此被誉为"世界生物基因库"。

三江并流地区，还有16个民族繁衍生息。这也是世界上罕见的。

扩展阅读

北庭古城遗址是唐朝北庭大都护府治所遗存。内有回鹘王室寺院，绘有壁画，用淡墨起稿，以铁线描为主，色调浓烈，有红色、赭色、黄色等，显示了唐朝回鹘人的风貌。